그때 카파의 손은 떨리고 있었다

전설적 포토저널리스트 로버트 카파의 2차대전 종군기

그때 카파의 손은 떨리고 있었다

로버트 카파 지음 / 우태정 옮김

필맥

삶과 죽음의 확률이 반반이라면
나는 낙하산을 타고 뛰어내리는 길을 택하겠어.
__로버트 카파 1913~1954

Photo by David E. Scherman. 1944. 6. 4.

차례

#1 1942년 여름 – 운명의 아침 • 9
#2 북대서양 항해기 • 18
#3 적국인에서 종군기자로 • 36
#4 1943년 봄 – 북아프리카 전선 • 60
#5 핑키 • 76
#6 시칠리아 작전 • 84
#7 1943년 가을 – 머나먼 로마 • 111
#8 디데이 전야 • 163
#9 1944년 여름 – 결전의 날 • 175
#10 파리로 가는 길 • 202
#11 가자, 아란 계곡으로 • 239
#12 기다리는 연인 • 251
#13 다시 전선으로 • 258
#14 1945년 봄 – 최후의 병사 • 270
#15 굿바이, 굿바이 • 292

역자후기 • 296

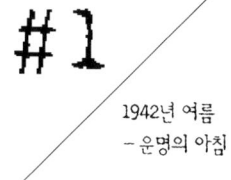

1942년 여름
- 운명의 아침

아침이 와도 일어날 이유가 없는 나날이었다. 내 스튜디오는 뉴욕 9번가의 작은 3층짜리 건물 꼭대기에 있었다. 지붕 전체가 하나의 채광창으로 돼있고, 구석에는 커다란 침대가 하나, 마룻바닥에는 전화기 한 대가 덩그러니 놓인 곳이다. 그 밖에 가구란 것은 하나도 없었다. 벽시계조차도.

아침 햇살 때문에 나는 잠에서 깼다. 몇 시나 됐는지 알 수 없었고, 별로 알고 싶지도 않았다. 가진 돈이라곤 25센트짜리 동전 하나가 전부였다. 전화벨이 울리기 전에는 일어날 생각이 없었다. 점심을 먹자거나, 일거리를 준다거나, 아니면 적어도 돈을 빌려주겠다는 전화가 누군가로부터 걸려오기를 내심 기다리고 있었지만 전화벨은 울리지 않았다. 대신 뱃속에서 꼬르륵대는 소리만 울렸다. 더 이상 잠을 청해봐야 쓸데없는 짓이란 생각이 들었다.

모로 누워서 보니 주인아주머니가 문틈으로 밀어 넣은 편지 세 통이 눈에 들어왔다. 지난 몇 주 동안 내가 받은 우편물이라고는 전화회사와 전기회사에서 보낸 것뿐이었다. 그런데 오늘 의문의 편지 한 통이 나를 침대에서 빠져나오게 했다.

역시나 한 통은 컨솔리데이티드 에디슨에서 보내온 고지서였다. 또 한 통은 법무부에서 보낸 것으로 "로버트 카파. 전 헝가리 국적, 현재 국적 불분명. 이 시각부터 잠재적 적국인으로 분류됨. 따라서 사진기, 쌍안경, 무기 소지 권리가 박탈됨"이라는 내용이었다. 게다가 나는 적국인이기 때문에 앞으로 뉴욕에서 16킬로미터 이상 떨어진 곳으로 여행하려면 그때마다 특별허가를 받아야 한다는 조건이 붙어 있었다.

마지막 한 통은 〈콜리어스〉의 편집장이 보낸 것이었다. 〈콜리어스〉를 위해 특별취재를 해달라는 부탁과 함께, 48시간 내에 영국으로 출항할 배편을 이미 예약해놓았다는 내용이었다. 편집장은 또 지난 두 달간 내 사진 포트폴리오를 여러모로 깊이 검토한 결과, 내가 뛰어난 종군사진기자라는 확신이 들었으며, 선급금으로 1천 500달러짜리 수표를 편지에 동봉해서 보낸다고 써놓았다.

만약 내게 타자기가 한 대 있고, 내 영어 실력이 쓸 만했다면 나는 곧바로 〈콜리어스〉로 답장을 보냈을 것이다. "나는 적국인으로서 영국은 고사하고 뉴저지까지도 못 가는 신세입니다. 게다가 내 카메라를 가져갈 수 있는 곳도 뉴욕 시청의 적성敵性재산 보관소뿐이군요"라고.

그러나 내가 가진 건 주머니 속의 동전 한 닢이 전부였다. 나는 동전을 던져 결정하기로 했다. 만약 앞면이 나오면 수단과 방법을 가리지 않고 기필코 영국으로 갈 것이고, 뒷면이 나오면 〈콜리어스〉에 내 처지를 설명하고는 전도금을 되돌려 주리라.

공중으로 동전을 튕겨 올렸다. 결과는 뒷면이었다. 바로 그 순간이었다. 그까짓 동전에 나의 미래를 내맡길 수 없다는 생각이 든 것은. 나는 수표를 가지기로 하고, 무슨 수를 써서라도 영국으로 가야겠다고 마음먹었다.

/

　동전은 지하철을 타는 데 써버렸다. 은행에서 수표를 현찰로 바꾼 뒤, 은행 바로 옆 얀센스라는 식당에 들러 아침을 먹었다. 2달러 50센트짜리 호화판 식사, 그것으로 모든 고민은 끝이 났다. 1천 497달러 50센트라는 잔액을 가지고 〈콜리어스〉로 갈 수도 없는 노릇이고, 설사 간다 하더라도 한바탕 난리가 날 것이다. 이제 길은 정해졌다.
　〈콜리어스〉에서 온 편지를 다시 읽고, 내가 타기로 한 배가 48시간 내로 출발한다는 사실을 머릿속에 새겨두었다. 그리고 법무부 통지문을 꺼내서 다시 읽어보며, 일을 어떤 식으로 처리해야 할지 궁리하기 시작했다.
　제일 먼저 처리해야 할 일은 징병위원회를 찾아가서 면제를 받는 것이었다. 그 다음에 미 국무부와 법무부에서 출입국 허가증을 발급받고, 마지막으로 영국 비자와 여권을 받아내야 했다. 첫 단계에서부터 거부당할 시간적 여유가 내게는 없었다. 우선 내 처지를 잘 이해해줄 만한 사람을 알아보는 것이 급선무였다. 그만큼 상황은 급박했다.
　미국 정부는 내가 처한 상황과 동일한 문제의 심각성을 이제 막 실감하기 시작한 데 비해 이미 2년 이상 전쟁에 휘말려있는 영국 정부는 이 정도 문제쯤에는 이골이 난 상태일 거라는 판단이 들었다. 나는 영국 대사관을 먼저 찾아가기로 결심했다.
　얀센스에서 공항터미널까지는 걸어서 5분 거리였다. 터미널에 도착한 나는 1시간 내에 워싱턴으로 떠나는 비행기가 있다는 것을 알고는 곧바로 티켓을 끊었다. 〈콜리어스〉로부터 받은 돈은 그만큼 더 줄어들었다.

2시간 반 후 나는 택시를 타고 가 워싱턴의 영국대사관 앞에 내렸다. 즉시 공보관 면회 신청을 했고, 얼굴색이 붉고 따분한 표정을 한 캐주얼 차림의 신사에게로 안내됐다. 먼저 그에게 내 이름을 말했다. 하지만 그 다음 이야기를 어떻게 꺼내야 할지 막막하기만 했다. 나는 말 대신 〈콜리어스〉와 미 법무부에서 보낸 편지 두 통을 차례로 내밀었다.

공보관은 아무런 반응 없이 묵묵한 표정으로 첫 번째 편지를 읽어 내렸다. 이윽고 두 번째 편지를 읽는 그의 입가에 미소가 떠올랐다. 그 표정에 다소 자신감을 얻은 나는 아직 겉봉도 뜯지 않은, 컨솔리데이티드 에디슨에서 보낸 편지를 꺼내 그에게 내밀었다. 요금을 체납했으므로 단전하겠다는 뻔한 내용이었다. 그제야 그가 내게 앉으라는 시늉을 했다.

막상 이야기를 나눠 보니 그는 매우 인간미 넘치는 사람이었다. 지질학 교수였던 그는 전쟁이 발발하기 전에는 멕시코에 머물고 있었다. 그곳의 여러 사화산 꼭대기를 찾아다니며 토양 성분을 조사하던 중에 전쟁이 터졌다. 전쟁 통에 영국 대사관 공보관으로 동원되기는 했지만, 그는 원래 정치에는 별로 관심이 없던 사람이었다.

그는 그동안 공보관직을 수행해오면서 영국민의 안전을 지킨다는 명목으로 온갖 종류의 건의를 기각해왔지만, 내 경우는 그 어떤 것들보다 훨씬 더 어려운 문제라고 털어놓았다. 문제의 심각성 측면에서 따진다면 가히 금메달감이라는 얘기였다. 나는 그의 입장이 충분히 이해되면서도, 한편으로는 내 신세가 처량하게 여겨졌다. 그래서 그에게 점심식사나 같이 하자고 했다.

우리는 칼턴 호텔로 향했다. 빈 테이블이 나기를 기다리는 동안 우리는 빠르로가 드라이 마티니를 여러 잔 마셨다. 내 동행은 금세 상당히 취기가 올랐다. 나는 〈콜리어스〉뿐 아니라 이 공보관과 대영제국도 내 공범자가 돼가고 있음을 느꼈다.

가까스로 테이블을 차지한 나는 메뉴판을 집어 들고 우선 생굴을 주문했다. 5년 전 나는 프랑스에 있었는데, 그때 포도주를 고르는 안목을 길렀다. 당시 읽은 영국의 탐정소설에서 피터 윔지 경이 생굴에는 뭐니 뭐니 해도 몽라셰라는 부르고뉴 산 백포도주가 제격이라고 말한 기억이 떠올랐다. 마침 와인 리스트 제일 하단에 '몽라셰 1921년산'이 적혀 있었다. 매우 고가였다. 하지만 나는 기분 좋게 그 술을 선택했다. 공보관이 15년쯤 전에 프랑스로 신혼여행을 갔을 때 바로 그 와인으로 신부를 무척 감동시킨 적이 있다고 말했기 때문이다.

프랑스와 몽라셰를 매우 좋아한다는 등의 대화를 나누던 우리는 술병이 거의 빌 무렵에는 서로 흉금을 털어놓는 사이가 됐다. 두 번째 병을 비울 때는 아름다운 프랑스에서 독일군을 쫓아내야 한다는 데 둘 다 의견 일치를 보았다. 커피를 마신 후 카를로스 프리메로 브랜디를 마시면서 나는 스페인내전 당시 공화군 측에 서서 3년 동안 싸웠던 경험과, 파시스트에 대한 내 증오가 얼마나 충분한 이유를 가지고 있는지를 그에게 말해주었다.

대사관으로 돌아오자 그는 전화기를 들고 국무부를 연결해달라고 했다. 국무부 고위층 인사와 연결되자 그는 꽤 친한 사이인 듯 상대방의 이름을 부르며 말했다.

"지금 내 사무실에 '내 친구 카파'가 와있는데, 매우 중요한 일로 영국에 가야 한다는군. 그를 거기로 보낼 테니 출입국허가를 좀 내줘. 15분 후쯤이면 도착할 거야."

그는 전화를 끊고 종이쪽지에다 누군가의 이름을 적어 내게 내밀었다. 15분 후 나는 국무부에 도착했다.

격식을 갖춘 차림의 신사가 나를 맞았다. 그는 내 이름과 직업을 출입국 허가용지에 기입하고 서명을 했다. 그러고는 다음날 아침 9시 뉴욕 항의 스테이튼 아일랜드에 있는 이민국에 가면 모든 준비가 다 돼있을 거라고 말했다. 나는 그의 배웅을 받으며 정문까지 걸어 나왔다. 그는 큰 숨을 한 번 내쉰 다음 내 등을 가볍게 두드리며 살짝 윙크를 보내고는 행운을 빈다고 했다.

대사관에는 내 친구 공보관이 심각한 표정을 하고 기다리고 있었다. 내 일이 많이 걱정됐던 모양이다. 나는 그에게 첫 단추가 잘 풀렸다고 말해주었다. 그러자 그는 이번에는 뉴욕에 있는 영국 총영사에게 전화를 걸었다. 내 친구 카파가 영국으로 가야 하는데, 다른 것은 모두 준비됐지만 여권이 없다는 얘기였다. 10분 동안 여러 차례 통화를 한 끝에 대사관의 해군 무관, 교수였다가 지금은 내 친구가 된 공보관 그리고 나, 이렇게 세 명은 작은 술집에 가서 내가 택한 여정이 성공하기를 기원하며 축배를 들었다.

비행기를 탈 시간이 가까워졌다. 헤어지기 전 해군 무관이 내게 약속했다. 내가 '어떤 배'를 타고 간다는 내용과, 카메라와 필름을 휴대한다는 내용과, 영국 런던의 해군 본부까지 무사하게 도착할 수 있도록 최대한 지원을 아끼지 말아야 한다는 내용을 영국의 각 항구마다 타전해 주겠노라고.

영국인들은 정말 대단하다는 생각을 하며 나는 뉴욕행 비행기에 탑승했다. 그리고 확신했다. 그들은 유머 감각도 매우 뛰어나며, 불가능한 일에 부닥쳐도 순조롭게 우회하는 방법을 아는 국민이란 것을.

/

다음날 아침 나는 뉴욕에서 영국 총영사를 만났다. 그는 내 경우가 매우 보기 드문 사례라고 말하며, 하긴 이번 전쟁도 보기 드문 일임은 마찬가지라고 덧붙였다. 그리고 흔히 볼 수 있는 흰 종이 한 장을 내게 내밀며, 거기에 이름을 쓰고 여권이 없는 이유와 여행 목적을 기술하라고 했다.

로버트 카파, 헝가리 부다페스트 태생. 나는 이름과 출생지를 적었다. 그런 다음, 호르티 제독*1920년 군주제의 법적 전통을 부활시킨 헝가리 국회에 의해 섭정으로 선출돼 친독일정책을 편 인물*과 헝가리 정부는 나를 탐탁치 않게 여겨왔고, 나 또한 그들을 좋게 생각하지 않는다고 썼다. 히틀러가 헝가리를 합병한 이래 헝가리 영사는 내가 헝가리인이란 사실을 인정도 부인도 하지 않았으며, 히틀러가 헝가리를 점령하고 있는 한 나는 헝가리 국민임을 결단코 거부한다는 사실도 적었다. 그리고 순수 유태인 혈통 선조들의 축복을 받고 태어난 나는 나치 독일을 증오하며, 내가 찍는 사진은 앞으로 반나치 선전활동에 유용하게 활용될 것임을 확신한다고 덧붙였다.

기술서를 총영사에게 넘겨주면서 나는 혹시 영어 철자가 틀리지 않았을까 조금 걱정이 됐다. 그러나 걱정과 달리 그는 내 기술서에 직인을 찍고, 봉인을 한 다음 청색 리본을 둘렀다. 이로써 드디어 여권이 생겼다.

/

출항하기로 한 날 아침까지만 해도 서너 가지 사소한 허가가 나오지 않은 상태였다. 뉴욕에 살고 계시는 어머니가 나를 따라 나왔다. 내가 마지막으로 필요한 허가를 받기 위해 이리 저리 뛰어다니는 동안 어머니는 택시 안에서 기다리고 계셨다. 내가 택시로 돌아올 때마다 어머니는 내 표정을 살피며 일이 어떻게 진행돼 가는지를 확인하는 눈치였다.

그날 어머니는 갈등하는 표정이 역력했다. 자식을 위하는 입장에서는 내가 여러 가지 허가를 받아서 순조롭게 떠날 수 있도록 기도하는 마음이었을 것이다. 그러나 모정이란 측면에서는 일이 잘 풀리지 않아서 내가 또다시 전장으로 떠나지 않게 되기를 기도하셨을 것이다.

마침내 나는 필요한 서류를 모두 갖췄다. 그러나 예정된 출항 시간은 이미 한 시간 반이나 지난 뒤였다. 그 무렵 어머니의 마지막 소원은 배가 이미 떠나고 없었으면 하는 것이었으리라.

어머니와 나는 뒤늦게 부두에 도착했다. 그런데 우중충한 모습의 고물 상선이 아직도 거기 있는 게 아닌가! 덩치 큰 아일랜드계 경관 한 명이 우리 앞을 가로막았다. 나는 그에게 준비한 서류를 보여줬다.

"늦었습니다. 빨리 타시죠."

어머니는 더 이상 나를 따라 올 수 없었다. 이제 어머니는 '전시의 용감한 모성'이 되기를 포기하고, 마음이 넓고 애정이 많은 유태인 여성의 모습으로 돌아왔다. 어머니의 아름답고 큰 갈색 눈언저리에서 오랫동안 참아왔던 눈물이 터져 나왔다. 육 척 장신의 아일랜드계 경관이 키 작은 내 어머니의 어깨를 감싸면서 위로의 말을 건넸다.

"부인, 제가 한잔 사드릴게요."

나는 어머니에게 마지막 키스를 한 후 배로 달려갔다.

내가 마지막으로 본 미국의 모습은 경관과 어머니의 뒷모습이었다. 홀연히 나타난 뉴욕의 마천루 아래로 바를 향해 걸어가는 두 사람의 뒷모습은 너무도 쓸쓸해보였다.

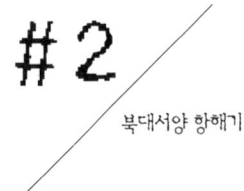

북대서양 항해기

나는 서둘러 배에 올랐다. 늦게 도착한 사람은 나뿐만이 아니었다. 내 바로 앞에 술에 취해 비틀거리는 선원 두 명이 더 있었다. 나는 그들의 꽁무니를 따라 미국 땅에서 발을 거두었다.

뱃전에 서있던 선장이 항해사를 돌아보며 말했다.

"자, 마지막 두 사람이 저기 오네. 이제야 보금자리로 돌아오는구먼."

그러더니 나를 보며 누구냐고 물었다.

"선장님, 저는 좀 예외적인 경우입니다. 말하자면 여행 중인 적국인인 셈이죠."

"음, 우리 배는 이미 이상한 화물을 많이 싣고 있소. 일단 내 선실로 갑시다. 가서 댁이 우리 적하목록에 어떻게 기재돼 있는지 한번 봅시다."

내 이름이 목록에 기재된 것을 확인한 선장은 한마디 말도 않고서 내 서류를 쭉 훑어보았다.

"전쟁 전에는 서인도 제도에서 영국으로 바나나와 관광객을 실어 날랐습니다. 요즘은 바나나 대신 베이컨을 영국으로 실어 나르지요. 갑판에는 관광객 대신에 해체된 폭격기들을 싣고 있고. 어때요, 카파 씨, 이 배가 예전만큼은 깨끗하지 않지만 객실이 비었으니 그곳을 쓰면 그런대로 쾌적할 겁니다."

선실로 내려가 짐을 풀었다. 배 엔진이 굉음을 토해내기 시작했다. 미국 생활 2년 만에 나는 유럽으로 다시 돌아가고 있었다. 어느새 내 마음도 과거를 더듬고 있었다.

2년 전 나는 프랑스를 떠나 바로 이 항구에 도착했었다. 혹시나 입국이 거부될까봐 매우 초조해하는 모습으로. 당시 나를 증명하는 서류는 모조리 날조된 것이었다. 서류에 의하면 나는 농업 전문가로, 칠레의 농업규격을 개선하러 가는 도중 30일짜리 임시통과 비자를 받아 미국에 체류하는 것으로 돼 있었다.

그 당시는 미국에 발을 디딘다는 게 쉬운 일이 아니었다. 또 담당자들을 설득해 미국에 체류한다는 것도 매우 어려웠다. 게다가 미국을 나가려면 영문학 교수 정도는 되는 신분이 필요한 그런 시기였다.

나는 카메라를 꺼내놓고 혼자 축배를 들었다. 1941년 12월 8일 이후로 나는 카메라에 손도 댈 수 없는 신분이었다. 그런데 어쨌든 이로써 나는 다시 기자의 신분을 되찾은 것이다.

/

동이 틀 무렵 우리 배는 헬리팩스 항에 닻을 내렸다. 선장은 지시를 받기 위해 항구에 상륙했다. 그날 늦게 배로 돌아온 선장을 통해 나는 몇 가지 사실을 알게 됐다. 즉 우리 배가 긴급 호송선단의 일부로서 대서양을 건넌다는 것과 지휘선이 된다는 것, 그리고 해군 대령 출신의 호송선단 사령관이 우리 배의 선교에 올라서서 지휘를 하게 된다는 것이었다.

나는 〈콜리어스〉에 네 페이지에 걸쳐 실릴 센세이셔널한 화보를 미리 상상해보았다. 제목은 '호송선단 사령관', 걸을 때 바다사자처럼 뒤뚱거리는 나이 많은 사령관이 선교에 올라 거친 파도에 이리저리 부딪치는 선단을 지휘하는 극적인 사진이 그것이었다.

저녁식사를 마친 후 사령관이 사람을 보내 나를 불렀다. 선교에는 불빛이라곤 찾아볼 수 없었지만 나는 그의 모습을 알아볼 수 있었다. 그리고 실망했다. 내가 상상했던, 바다사자처럼 뒤뚱거리는 풍채 대신에 사령관은 오십대의 말쑥한 신사의 모습을 하고 있었던 것이다. 나의 상상과 유일하게 일치하는 것이 있다면 크고 무성한 눈썹뿐이었다.

그에게 내 소개를 했다. 그도 아일랜드 사람이라고 자기소개를 한 후, 영화계에 무척 관심이 많으며, 몇몇 할리우드 여배우들을 만나봤는데 정말로 끝내주더라고 재빠르게 말을 이었다. 또 자기는 항해 기간 내내 선교에 머물 수밖에 없으니 내가 매일 밤 이곳에 올라와 할리우드에 얽힌 재미있는 이야기를 들려줄 수 없겠느냐고 물었다. 그렇게만 해준다면 자기는 내게 호송선단에 관해 모든 얘기를 다 들려주겠다는 것이었다.

그 거래는 매우 공평하지 못한 것이었다. 호송선단에 대해 낱낱이 꿰고 있는 사령관에 반해 나는 할리우드 근처에도 가본 적이 없는 사람이었다. 하지만 차마 사실을 얘기할 수는 없었다. 나는 사령관이 착각하고 있는 유명한 영화감독 프랭크 캐프러가 아니라 보브 bob, 로버트의 애칭 카파라고. 이제 어쩔 수 없이 항해가 끝날 때까지 영화감독 행세를 해야 했다. 말하자면 죽지 않기 위해 왕에게 매일 밤 흥미로운 이야기를 해줘야 했던 《아라비안나이트》의

세헤라자드 꼴이 된 것이다. 다만 한 가지 바람이 있다면, 그 일이 《아라비안 나이트》처럼 1001일이나 계속되지는 않았으면 하는 것이었다.

그날 밤은 항구에서 보냈다. 다음날 아침 사령관은 자기와 함께 호송선단에 소속된 각 배의 선장을 방문하지 않겠느냐고 내게 물었다. 선단에 속한 배들의 국적이 제각각이었기 때문에 사령관은 자기 말을 이해시키느라 무척 고생했다.

스웨덴과 노르웨이 선장은 아쿠아비트라는 화주를 우리에게 내놓았고, 영어 실력도 무척 뛰어난 편이었다. 네덜란드 선장은 괜찮은 진을 준비해놓고 있었고, 의사소통에 문제가 없었다. 프랑스 선장은 최고급 브랜디를 내놓았고, 내가 통역을 맡았다. 그리스 선장은 우조라는 이름의 독한 술을 내왔으며, 그리스어를 빠르게 구사했다.

사령관과 나는 모두 합쳐 스물세 척의 배를 방문하고, 스물세 가지의 각기 다른 국적의 술을 마셨다. 순회를 마치고 지휘선으로 돌아오는 길에 외국인 선장 모두에 대해 불평을 늘어놓는 사령관을 보며, 나는 그가 앵글로색슨임을 다시 한 번 절감했다.

그날 오후 우리는 수월하게 호송선단 편성을 마쳤다. 배 사이의 간격은 구백여 미터쯤 벌리고, 한 줄에 여섯 척씩 사열횡대로 항해했다. 호송할 배의 규모와 수에 비해 호송선은 빈약한 편이었다. 구축함 한 척과 소형 경비정 다섯 척이 고작이었다.

우리가 선교에서 처음 밤을 보낸 날, 사령관은 거의 혼자서 떠들어댔다. 1차대전 중 그는 구축함장을 지냈는데, 1918년에는 한 구축함대를 맡아 지휘했다고 한다. 그의 얘기 속에서 지브루게*네덜란드의 항구로 1차대전 당시 주요 격전지 중*

하나와 갈리폴리터키의 항구로 1차대전 당시 주요 격전지 중 하나가 언급되기도 했다. 그는 자기 이야기를 마친 뒤 나를 향해 물었다.

"릴리안 기쉬영화 〈동부로 가는 길〉(1920), 〈새벽 공습대〉(1942) 등에 출연한 여배우는 요즘 어떻게 지내오?"

나는 그럴싸하게 둘러댔다.

"그녀의 몸매는 아직도 끝내줍니다."

얘기를 마치고 헤어질 때쯤에는 사령관과 나 사이에 멋진 우정이 싹튼 것 같았다.

항해를 시작하고 처음 나흘 동안은 별다른 일 없이 평온하게 흘러갔다. 나는 낮이 되면 돛대 꼭대기에서 엔진실에 이르기까지 선원들은 물론이고 눈에 보이는 모든 것을 사진에 담았다. 밤이 되면 선교에 올라가서, 예전에 치과 대기실에서 읽었던 대중오락잡지 기사들 가운데 기억나는 것들을 사령관에게 얘기해주었다. 이야기하는 동안 나는 사령관에게 내가 사려 깊은 남자라는 인상을 은근히 풍기는 한편, 할리우드의 이런저런 스캔들에도 어느 정도는 직접 관련이 있는 듯 말하는 것도 잊지 않았다. 내 이야기가 끝나면 이번에는 사령관이 자기도 질 수 없다는 듯 이야기를 늘어놓기 시작했다. 한때 그가 무르만스크러시아 북서부에 있는 항구도시로 배를 호송하던 중 장화가 갑판에 얼어붙어 사흘 동안 꼼짝도 못한 적이 있었다는 유의 일화들이었다.

파도가 심하게 칠 때에는 사령관은 술을 마시지 않았다. 그러나 그가 구구절절 얘기를 풀어놓는 동안 나는 추위와 싸우기 위해 포켓용 술병을 꺼내 술을 마셔야 했다. 자정이 지난 무렵 선교 난간에 기대서 있노라면 뉴욕 3번가 근처의 어두컴컴한 술집에라도 가 있는 듯한 착각이 들기도 했다.

여기까지의 나의 '북대서양 전투'는 전적으로 유쾌한, 아니 지나칠 정도로 즐거운 나날이었다. 다만 한 가지 아쉬웠던 점은, 승무원들이 내가 사진기를 들이대고 포즈를 부탁했을 때 시큰둥한 반응을 보였다는 것이다. 〈콜리어스〉에 실릴 사진이 무미건조해지든 말든 그런 것에는 전혀 관심이 없다는 투로.

출항한 지 닷새째 되던 날, 우리는 북대서양 특유의 짙은 안개를 만났다. 선단을 호위하는 구축함이 우리 옆으로 바싹 붙어서 발광신호를 보내왔다. 사령관이 내게 돌아서며 말했다.

"캐프러, 당신이 만약 이 안개 속에서 사진을 찍을 수 있다면 죽여주는 광경을 찍을 수 있을 텐데 말이오. 약 오십 킬로미터 전방에 독일군 잠수함들이 이리 떼처럼 모여 우리를 기다리고 있소."

그는 안개가 끼었건 말건 관계없이 항로를 변경할 수밖에 없다고 판단했다. 하지만 그렇게 짙은 안개 속에서는 선교에서 배의 후미도 제대로 볼 수 없었다. 또 선단 내에서는 무선교신이 엄격하게 금지된 상황이었다. 그래서 다른 호송선과의 통신은 무적霧笛, 짙은 안개 속에서 선박의 충돌 사고를 방지하기 위해 울리는 고동에 의존할 수밖에 없었다.

우리 배의 좌현에서 항해하던 노르웨이 급유선은 거꾸로 우현 어딘가에서 길게 두 번, 짧게 세 번 고동을 울리며 우리 신호에 응답을 보내왔다. 우리 배에서 약 오 킬로미터 떨어진 선단 최후미에 있었던 그리스 화물선은 오십여 미터 앞쪽에서 네 번의 긴 고동을 울렸다. 모두 합쳐 스물세 척의 배들이 한꺼번에 울린 뱃고동은 베를린에서도 들릴 만큼 요란하게 울려 퍼졌다.

사령관은 연합국과 중립국과 참전국 선장들을 한꺼번에 싸잡아 욕했다. 그러나 안개 속에서 배들이 서로 충돌하지 않을까를 걱정할 만한 여유가 없었다. 독일군 잠수함이 우리를 발견했던 것이다. 우리 편 호송선은 곧바로 폭뢰를 투하하기 시작했다.

나는 금쪽같은 여권과 〈콜리어스〉에서 받아쓰고 남은 돈을 기름칠한 명주로 만든 담배쌈지에 담아 싸면서, 마침내 본격적인 이야기가 전개되는가 싶어 씁쓸한 생각이 들었다.

사령관은 선단에 흩어지라는 신호를 보냈다. 이제부터는 배들을 각자의 운에 맡기는 수밖에 다른 방도가 없었다. 가끔 다른 배의 엔진소리가 아찔할 만큼 가까운 곳에서 들릴 때도 있었다. 폭뢰 터지는 소리가 점점 더 멀리서 들려오기 시작했다.

48시간이 지난 후 안개를 뚫고 밝은 햇살이 비치기 시작했다. 스물세 척의 배들은 모두 우리 배 주변에 모여 있었다. 호위함들도 무사했다. 이전 대형이 거의 그대로 유지되고 있었다. 다만 선단의 중앙에 있던 배가 선단 외곽에서 항해하고 있었고, 맨 뒤에 있던 그리스 선박이 선두에 있고 우리 배는 그 뒤를 쫓고 있다는 것이 다른 점이었다.

/

작은 점 하나가 수평선 위에 나타났다. 잠시 후 그 배에서 발광 신호를 보내왔다. 우리 배의 신호수는 긴장한 표정으로 그 신호의 내용을 보고했다.

"영국군 구축함 하베스터 호가 사령관께 보낸 질문입니다. 맥주가 남았으면 좀 나눠줄 수 있냐고 묻고 있습니다!"

"와서 가져가라고 전해."

구축함 하베스터 호는 호송선 주변을 날렵하게 한두 번 돌고는 신이 난 듯 우리 배 옆으로 바싹 다가와 붙었다. 영국 구축함장은 메가폰을 들고 선교 위에 서 있었다.

"사령관님, 귀하의 배들이 아직 전부 떠있다는 사실에 놀라움을 금치 못하겠습니다!"

"영국 해군도 아직 떠다니고 있다는 사실에 나도 놀랐소. 그것도 맥주도 없이 말이오."

"폭뢰를 다 써버린 나머지 맥주통을 던져서 독일 놈들을 해치워야 했기 때문에 그렇습니다!"

/

그로부터 얼마 지나지 않아 우리 배의 돛대에 신호용 깃발이 올라가기 시작했다. 그 의미를 도저히 짐작하지 못하는 내게 신호수가 뜻을 풀어줬다. '귀선의 뒤에서 귀선을 인도해온 것을 영광으로 생각한다. 이제는 원래 대형으로 돌아간다. 신중하게 대형을 다시 갖추기 바란다'는 의미였다.

신호를 확인한 배들이 다시 움직이기 시작했다. 그 과정에서 노르웨이 급유선이 그리스 화물선을 뒤에서 받을 뻔했다. 스웨덴 신사가 탄 배는 선미 쪽을 향해 전속력으로 달리더니 우리 시야에서 사라졌다. 한편 프랑스 배는 보일러가 파손되는 바람에 남아 있을 수밖에 없다고 사령관에게 보고해왔다. 무려 네 시간 동안이나 주변을 선회한 끝에 스물두 척의 호송선단은 다시 항해를 시작했다.

그날 밤 선교에 있는 사령관을 찾아갔을 때 그는 한동안 나를 쳐다보지 않았다. 다시 내 선실로 돌아가려는데, 그가 긴장한 태도를 누그러뜨리며 말했다.

"그런데 캐프러, 혹시 클라라 보 *1920년대와 1930년대 초에 걸쳐 약 쉰 편의 영화에 출연한 여배우*를 만난 적 있소?"

/

우리가 영국군 구축함에 나눠준 맥주가 별 도움이 안 됐음이 곧 드러났다. 바로 그 다음날 독일군 잠수함들이 우리 선단을 다시 포위하고 나섰던 것이다. 우리 구축함은 만약 사진을 찍는다면 그 배경으로 더할 나위 없이 아름다울 연막을 호송선단 주위에 둘러치고, 구조 신호를 발신했다. 그때쯤이면 초계 중인 영국군 구축함 한 척이 우리를 맞으러 나오기로 돼있었다. 다행히 그 구축함은 약속을 어기지 않고 모습을 나타냈다.

독일군 비행정 한 대와 영국군 선덜랜드 기가 벌인 치열한 공중전과 함께, 전 호송선단의 모든 대공포가 한꺼번에 검은 연기를 뿜어내는 장면이 〈콜리어스〉에 게재될 특종 '북대서양의 전투' 기사의 대미를 장식했다.

나는 그 모든 광경을 고스란히 사진에 담았다. 그리고 할리우드에 관한 내 상상력이 바닥을 드러낼 즈음 때마침 아일랜드 해협의 등대가 시야에 들어오기 시작했다.

출항 후 처음으로 사령관은 선교 밑으로 내려가고, 나는 신호수와 함께 선교에 남게 됐다. 그 사내는 항해 기간 내내 쓸데없는 말은 한마디도 입 밖에 내지 않던 과묵한 사람이었다. 그런 그가 사령관이 완전히 내려간 것을 확인한 다음 내게 조용히 말을 건넸다.

"사령관은 존경할 만한 사람이긴 해요. 그렇지만 솔직히 말해 저 어른이 당신한테 한 얘기의 일부는 좀…."

그의 말을 듣고 나니 마음이 한결 편해졌다. 나는 기회가 닿는 대로 제일 먼저 프랭크 캐프러 감독의 부인에게 사죄하리라고 결심했다.

/

아일랜드 해협에 들어서면서 선단은 대형을 변경했다. 배와 배 사이의 거리는 90미터 정도로 좁혀졌고, 출항 후 처음으로 무선교신 금지가 해제됐다. 배들은 각각 정박할 위치를 전달받았다. 나는 우리 배가 리버풀에 입항할 것이라 예상하고, 런던의 사보이 호텔에서 첫날을 보낼 계획을 세웠다. 그러나 전시수송관리국의 지령은 내가 예상한 대로 나오지 않았다. 우리 배는 아이리시 해로 나가, 벨파스트 근해에서 다음 지령을 기다리라는 명령을 받았다.

24시간 동안 사보이 호텔은 나를 손님으로 받지 못하겠구나, 하고 아쉬워하던 차에 사령관이 내게 와서 말했다. 벨파스트에 그럴듯한 술집이 하나 있는데, 비축해둔 술이 아주 많다는 것이었다. 그의 말을 듣고 보니 벨파스트에서 하루를 보내는 것도 그다지 나쁘지 않을 것 같았다.

우리 배가 닻을 내리자마자 기정^{汽艇}, 증기기관의 힘으로 움직이는 비교적 작은 배 한 척이 다가왔다. 그 배에서 중산모를 쓴 한 무리의 이민국 신사들이 우리 배로 올라와 입국심사를 했다. 내 차례가 되자 그들은 내 서류를 집중적으로 조사하기 시작했다. 때때로 그들은 고개를 갸우뚱거리며 전혀 납득할 수 없다는 듯한 표정을 지었다. 그러다가 내가 카메라와 필름을 가졌다는 걸 알고는 세차게 머리를 내저었다. 워싱턴에 있는 해군 무관이 나에 대한 암호 전보를 보내기로 돼있다고 해명했지만, 그들은 별다른 표정 변화를 보이지 않았다.

거의 자포자기한 심정이 된 나는 우스갯소리를 던져서라도 상황을 좀 호전시키고 싶었다. 그래서 내가 독일 사람이 아닌데도 입국할 수 없다면, 모든 사람들이 다 낙하산을 타고 영국에 들어와야 되냐고 농을 던졌다. 그러나 전혀 먹혀들지 않았다. 오히려 그들은 내게 주의를 주며 말했다.

"알려드립니다만, 전시에는 대영제국의 국민만이 북아일랜드에 상륙할 수 있습니다. 귀하는 이 배가 영국의 어느 항구에 입항하기 전까지는 이곳에서 한 발짝도 나갈 수 없습니다. 입항하고 나면, 그곳 관리가 귀하의 운명을 결정할 겁니다."

사령관은 나를 남겨놓고 상륙하게 된 것을 정말 미안해하는 눈치였다. 그는 자기가 쓰던 선실을 나더러 쓰라고 했다. 그리고 내가 들려줬던 이야기가 정말로 재미있었다는 말을 남기고, 이민국 관리들과 함께 상륙했다.

사령관이 떠나자 다시 배를 장악하게 된 선장이 나를 위로하고 나섰다. 사흘쯤 뒤에는 틀림없이 영국으로 발진하라는 명령을 받게 될 것이니, 그때까지만 좀 견디라고. 그리고 아직 정식으로 입항한 상태가 아니기 때문에 선상 매점은 여전히 열려있을 것이며, 7실링 정도면 스카치위스키를 살 수 있을 거라고 재빠르게 덧붙였다.

나는 사령관실로 옮긴 후 스카치위스키 한 병을 시켜놓고, 통신장과 함께 블랙잭 놀이를 시작했다. 밤 10시쯤 술병은 바닥을 드러냈고, 〈콜리어스〉로부터 받은 돈도 150달러나 줄어있었다. 나는 술을 한 병 더 시켰다. 그러나 급사는 빈손으로 돌아왔고, 대신 나를 이상하다는 듯 쓱 한번 쳐다보고는 선장실에서 찾으니 가보라고 말했다.

배 속에다 스카치위스키를 너무 많이 쏟아 부은 탓에 나는 비틀거리며 선교로 올라갔다. 불현듯 술기운 말고도 다른 어떤 불길한 예감이 강하게 밀려들었다. 선교에는 젊은 해군 장교 두 명이 선장과 함께 나를 기다리고 있었다. 그들의 이름은 가비지와 밀러였다.

그들은 내 이름이 카파라는 걸 확인한 후, 이제부터 자기들이 내 카메라와 필름과 노트를 보관하겠다고 했다. 나는 "노"라고 단호하게 외치며, 앞으로도 카메라와 필름과 노트는 내가 직접 보관할 것이라고 힘주어 말했다. 나는 도착하자마자 영국 해군으로부터 모든 제반시설을 제공받기로 돼 있음에도 불구하고 지금껏 아무것도 제공받지 못했으며, 오히려 아이리시 해 한복판에 떠있는 빈 배에 터무니없이 억류돼 있음을 강조했다. 그리고 지금은 여기에 머물 수밖에 없지만 영국 땅에 들어가기만 하면 이 모든 일에 대해 철저하게 따져 물을 것이라고 으름장을 놓았다.

두 사람은 다소 누그러진 태도로 전쟁 중이라 그렇다고 얼버무린 뒤 한쪽 구석으로 가서 의문의 문서 한 장을 들여다보았다. 그들은 머리를 맞대고 논의에 논의를 거듭했다. 그동안 문서를 최소 세 번 이상은 확인했을 것이다. 10분쯤 흘렀을까, 그들은 다시 돌아왔다. 그리고 이번에는 좀더 강력하게, 사진기와 필름과 노트를 즉각 건네줄 것을 요구했다.

나는 갑작스레 돌변한 그들의 태도에 당혹감을 느꼈다. 순간 내 머릿속에서 취기가 물러나고 상황이 분명하게 정리되기 시작했다. 나는 그들에게 문서에 적힌 내용이 무엇인지 알고 있으며, 지금 상황이 어떻게 돌아가고 있는지에 대해 설명해주겠다고 말했다. 즉, 워싱턴에 있는 해군 무관이 '로버트 카파'라는 자가 카메라와 필름을 지니고 모 선편으로 간다는 내용의 암호문을 영국의 각 항구마다 타전하기로 돼있으며, 그 내용에는 특별히 내 카메라와 필름은 공식적인 절차를 거친 것으로 나와 더불어 무사히 런던의 해군본부까지 인도될 수 있도록 지원하라고 적혀있을 것이라고 말했다. 따라서 지금 즉시 워싱턴의 영국대사관에 연락해 내 말의 진위 여부를 파악한 후, 해군 본부에 내가 '어떤' 배를 타고 곧 영국에 도착할 예정이라고 보고해야 한다는 점도 주지시켰다.

가비지와 밀러는 다시 한 번 그 문서를 들여다봤다. 그리고 서로 시선을 교환하더니 그 문서를 내게 건네주었다. 역시 그것은 나와 카메라와 필름에 대해 언급된 문서였다. 하지만 수차례에 걸쳐 암호화에 암호화를 거듭한 터라 이제는 마치 성서처럼 귀에 걸면 귀걸이, 코에 걸면 코걸이 식의 해석이 가능한 문서로 변해 있었다.

태도를 좀 누그러뜨린 가비지가 잠시 얘기를 나눌 수 있겠느냐고 물어왔다.

"저희도 선생의 말이 옳다고 확신합니다. 그러나 일단 저희를 믿고, 또 제가 말씀드리는 것도 믿어주시기 바랍니다."

나는 상황이 호전된 것을 내심 기뻐하며, 그의 말에 귀를 기울였다. 그의 말인즉슨 이랬다.

그와 밀러는 벨파스트의 해군 정보부 소속으로, 전날 밤 퇴근길에 과도한 업무에 대한 스트레스도 풀 겸 한잔 하러 술집에 갔다가 학교 친구였던 어느 소해정掃海艇, 바다에 설치한 기뢰를 없애는 데 쓰는 해군 함정의 일종의 함장을 만났다. 그 친구가 자기 소해정에 있는 바는 술값이 아주 싸다고 해서 그들은 그곳으로 옮겨 시간 가는 줄도 모르고 술을 마시며 즐기느라 조금 전까지도 자신들의 직무를 까맣게 잊고 있었다. 그러던 차에 그 암호 전보를 발견한 것이다.

이제 그들이 빈손으로 사무실에 돌아간다면 지각한 데 대한 특별한 사유를 제시해야만 하는데, 만약 내가 도와주지 않는다면 자기들은 매우 곤란한 지경에 빠지게 될 거라고 했다. 그러나 내가 함께 상륙해주기만 한다면 자기들은 최선을 다해서 카메라와 필름은 물론, 그 밖의 모든 일에 대해 힘닿는 대로 나를 도와줄 것이며, 또 최대한 빨리 런던에 갈 수 있는 방법을 마련해주겠다고 했다.

그런 사정이라면 충분히 아량을 베풀 수 있었다. 나는 그 영국 해군들을 도와주기로 마음을 정하고, 위스키 세 병을 사들고 가비지와 밀러를 따라나섰다. 칠흑 같은 어둠 속에서 우리는 이리저리 흔들리는 줄사다리를 타고 내려가 매우 작은 기정에 올라탔다. 기정은 위아래로 심하게 출렁거리더니 이내 출발했다.

하지만 문제는 여기서 끝이 나지 않았다. 우리가 탄 기정의 키잡이는 지금 당장은 나를 상륙시킬 수 없다고 했다. 지금은 밤 11시 반으로 세관과 이민국이 모두 문을 닫았으며, 그곳이 업무를 재개하는 다음날 아침 8시까지는 절대 상륙이 불가능하다는 이유에서였다.

우리는 다시 암울한 기분에 휩싸였다. 그러나 밀러의 한마디로 우울한 기분을 떨쳐냈다.

"틀림없이 소해정이 이 근처 어디에 있을 겁니다. 이왕 이렇게 된 거 오늘밤은 거기서 편안하게 보내고, 내일 아침에 항구로 날아가죠, 뭐."

/

어둠 속에서 우리가 목표로 했던 소해정을 찾아내는 데 무려 2시간이나 걸렸다. 소해정의 함장은 가비지와 밀러를 알아보고는 마실 것을 가져왔냐고 물었다. 그들은 술뿐 아니라 카파도 있다고 대답했다. 카파라는 것이 새로 나온 술쯤 될 거라 생각했는지 함장은 우리를 매우 친절하게 함 내로 안내했다. 지칠 대로 지친 조타수는 곤란한 상황이 또 생기지 않을까 두려웠는지 곧바로 어둠 속으로 사라져 버렸다.

소해정의 식당은 우리 네 명이 들어가기에는 좀 비좁았다. 함장은 가지고 온 위스키가 어디 있냐고 물었다. 나는 내가 들고 간 술 세 병을 내주었다. 술을 받고 나자 그는 카파에 대해 물었다. 가비지가 지금까지 있었던 일을 설명하기 시작했다. 그러나 함장은 상황 파악이 잘 안 되는 모양인지 머리를 가볍게 흔들면서 물었다.

"요점만 말해 봐. 그래서 괜찮다는 건가, 안 괜찮다는 건가?"

"그럼 괜찮고말고."

가비지는 힘주어 말했다. 하긴 당시에 우리가 할 수 있는 일이라곤 괜찮다는 말밖에는 없었다.

우리는 술병을 따고 건배를 외쳤다. 영국 해군을 위해서, 수송선단을 위해서, 그리고 소해정을 위해서! 함장은 나를 돌아보며 보리스 국왕20세기 초 불가리아의 국왕으로 나치 독일의 대러시아 전쟁 참전과 유태인 추방 요청을 여러 차례 거부했고, 이로 인해 자국내 극우파로부터 폐위압력을 받던 인물을 위해 건배를 하자고 제의했다. 그러고는 다소 확신에 찬 어조로 말을 덧붙였다.

"이보게 친구, 불쾌하게 생각하지는 말게. 그런데 자네 나라 보리스 국왕은 지금도 불리한 처지에 놓여있나?"

나는 보리스 국왕은 불가리아 사람으로 나와는 아무런 관계도 없는 사이고, 어쨌거나 그가 불리한 처지에 놓인 것은 분명한 것 같다고 대답했다. 그리고 덧붙여, 헝가리 사람으로서 내가 관심을 갖고 있는 이는 호르티 제독이며, 불행하게도 그 역시 위기에 처해 있다고 말했다. 함장은 매우 유감이라고 말했고, 그 바람에 건배를 할 대상은 더 늘어나버렸다. 그래서 우리는 곧 주제를 다른 것으로 바꿀 수밖에 없었다.

다음날 아침 6시에 우리는 일어났다. 숙취가 심했고, 무언가 일이 잘 안 풀릴 것 같은 느낌이 들었다. 즉시 기정을 보내달라는 신호를 항구에 보내려는데 마침 통신대원이 통신문을 들고 선실로 들어왔다. 아이리시 해의 기뢰 제거 작업을 위해 즉시 출동하라는 명령이었다. 우리는 로버트 카파가 지금 아이리시 해의 기뢰 제거 작업을 위해 출동한다는 것과 모든 일에는 다 나름의 이유가 있다는 내용을 담은 전신을 해군정보부에 타전했다.

／

 사흘을 공해에서 보내고 항구로 돌아오는 길에 두 번이나 양복을 손질하고, 면도를 했다. 그리고 본부에 가서 늘어놓아야 할 말을 여러 번 연습했다.

 등대를 지나면서 해군정보부에 귀환을 알리는 발광신호를 보냈다. 항구로 들어오면서 쌍안경을 통해 보니, 푸른 제복을 입은 사람들 다수가 부두에서 우리를 기다리고 있었다. 함장은 자신의 지휘권이 박탈될 것을 각오했고, 가비지와 밀러는 최소 이삼 년쯤 구금될 것으로 예측하고 있었다. 나는 아예 아무 생각도 하지 않았다.

 배가 항구에 닿자마자 항만보안관이 올라왔다. 우리의 얘기를 가만히 듣던 그가 벌떡 일어나며 말했다.

 "여러분의 이야기는 아마도 사실이겠지요. 하지만 영국 해군 역사상 소해정이 이민자의 숙소로 사용된 전례는 없습니다."

 그는 벨파스트 항만 담당 대령이 직접 와서 처리할 것이란 말을 남기고 사라졌다.

 곧바로 대령이 나타났다. 그는 가비지와 밀러와 함장이 보고하는 동안에는 아무런 대꾸도 하지 않았다. 내 차례가 왔을 때 나는 내가 헝가리에서 태어난 것은 가비지의 잘못도, 밀러의 잘못도, 함장의 잘못도 아니라고 말했다.

 대령이 내 말을 가로막았다.

 "어디라고 했나?"

 "헝가리라고 했습니다. 부다페스트요."

 대령은 자기 손을 부비면서 말했다.

"여보게, 자네! 오늘 저녁은 우리 집에서 들게. 부다페스트라! 내 처도 거기서 태어났다네."

뜻밖에도 함장은 사흘간 상륙허가를 받았고, 가비지와 밀러는 조기 승진을 약속받았다. 그리고 나는 근사한 헝가리식 저녁 만찬을 들었고, 바로 다음날 특별기편으로 런던으로 향했다.

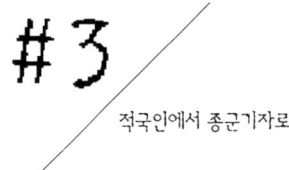
적국인에서 종군기자로

내가 런던의 해군본부를 찾아갔을 때, 그곳의 공보장교는 마침 '로버트 카파'라고 적힌 서류철에서 꺼낸 보고서를 한창 들여다보던 중이었다. 그 와중에 나를 맞은 그는 나와 보고서를 번갈아 한 번씩 쳐다본 후 여행이 재미있었기를 바란다며 말문을 열었다. 이어서 다른 신문기자들처럼 사실을 흥미롭게 꾸미지 말고 수송선단에 관한 것만 정확히 기술해주기 바란다고 말하고는 아무렇지도 않은 듯 다음 말을 내뱉었다.

"소해정이나 해군정보부에 대해서는 설령 기사를 쓴다 하더라도 검열에서 잘릴 겁니다. 물론 그것은 당신의 임무와는 무관한 것이기도 하고요."

내가 해군본부를 떠나기 전에 그가 마지막으로 말했다.

"〈콜리어스〉 사무실에서 당신이 도착했는지 물어왔었습니다. 서둘러 방문하기를 바라는 것 같더군요."

〈콜리어스〉는 사보이 호텔의 크고 호화로운 스위트룸에 사무실을 개설해놓고 있었다. 그리고 그곳에는 쿠엔틴 레이놀즈가 자리 잡고 있었다. 내가 방문했을 때 그는 블랙커피를 마시고 있었는데 내게도 한 잔 권했다.

전보와 신문지들이 사무실 여기저기에 널려 있었다. 신문들은 죄다 북아프리카 공략에 대해 떠들고 있었고, 전보는 뉴욕 사무실에서 보내온 것으로, 나를 찾아서 즉시 북아프리카로 파견하라는 내용이었다. 쿠엔틴은 담담한 어조로 내게 어느 육군에 배속돼 있는지를 물었다. 나는 지금까지 어디에도 배속된 적이 없으며, 헝가리인을 받아줄 군은 없을 것이므로 앞으로도 어느 군대에든 소속될 가능성은 거의 없을 거라고 대답했다. 그는 〈콜리어스〉가 내가 헝가리인이란 사실을 몰랐다는 데 대해 놀라움을 금치 못했고, 나도 그런 그를 따라 짐짓 놀라는 시늉을 했다.

그는 내게 얼마나 빨리 미국으로 돌아갈 수 있냐고 물었다. 그래서 나는, 내가 얼마나 뛰어난 전쟁사진작가인지를 납득시키려고 애씀과 동시에 〈콜리어스〉는 나를 런던까지 보내는 데 이미 1천 달러나 썼기 때문에 내가 다시 미국으로 돌아간다면 회사는 큰 손해를 보는 것이란 점을 강조했다.

우리는 한잔 하면서 얘기를 더 나누기로 하고, 사보이 호텔 아래층 바로 옮겼다. 딱 한 잔을 마셨을 때 쿠엔틴은 내 뜻에 굴복한 듯 헝가리 사진작가와 함께 일하는 것도 재미있을 것 같다고 말했다.

/

전시에는 적국 국적을 가진 자든 우호국 국적을 가진 자든 런던에 거주하는 사람들은 모두 바인 가에 위치한 경찰서에 등록을 해야 했다. 내가 런던 입성의 첫 번째 절차를 마무리 짓기 위해 쿠엔틴과 함께 그곳에 도착했을 때는 이미 순번을 기다리는 사람들로 장사진을 이루고 있었다. 1942년에는 프랭클린 루스벨트를 제외하고는 아마 쿠엔틴이 런던에서 가장 유명한 미국인이 아니었나 싶다. 그는 브루클린에서 자라 부드럽고 너그러운 마음씨를 지닌 사람이었고, 동시에 기자들이 모여드는 온갖 술집에서 단련이 된 사람이기도 했다.

100킬로그램에 달하는 이 거구의 사나이가 작은 체격의 외국인들과 함께 줄을 선다는 것은 누가 봐도 어울리지 않는 일이었다. 그래서 쿠엔틴과 나는 일부러 과장된 태도를 취하며 안으로 들어갔다. 그는 등록실 문 앞에 서서 한참이나 뜸을 들인 후에 괴벨스^{나치 독일의 프로파간다 전문가}와 시클그루버^{히틀러의 생부}에게 했던 그 유명한 방송 때와 같은 음성으로 말했다.

"나는 독일군 스파이 한 명을 등록시키려고 여기 데려왔소."

그리고 나서 나를 향해 돌아보며 서투른 독일어로 물었다.

"Nicht wahr(그렇지요)?"

거기 모인 사람들이 보인 반응은 그가 예상한 대로였다. 경찰서 안은 온통 웃음바다가 됐다. 곧바로 등록카드를 발급받음으로써 나에 대한 제한조치는 모두 해제됐다. 이렇게 해서 나는 영국 여왕과 쿠엔틴 레이놀즈의 전속 적국인이 됐다.

등록이 끝나자 경위는 쿠엔틴에게 사인을 해달라고 부탁했고, 러시아 전쟁구호단체에 기부를 해달라고도 했다. 전쟁은 승리와 거리가 먼 상황이었지만 영국은 러시아에 대해 무척 고마운 마음을 가지고 있었다.

다음 단계는 그로스베너 광장에 있는 미육군 공보사무국이었다. 우리는 아까와는 달리 조용하게 그곳을 방문했는데, 다소 냉담한 접대를 받았다. 공보사무국의 책임을 맡고 있는 소령은 내 국적 문제 때문에 일이 간단히 끝날 것 같지 않다고 생각한 모양이었다. 그는, 만약 내가 영국 내의 미군 기지를 사진취재하고자 하는 신문사의 의뢰를 받고 있는 것이라면 군사시설 방문증을 발급해줄 수는 있지만, 그러려면 우선 군 정보부의 인가를 거쳐 미육군으로부터 공인된 종군기자라는 승인을 얻어야 한다고 말했다.

이번 일이 아니었다면 탐정소설에서나 접하거나 MIS와 같은 군사용어로만 알고 있었을 '정보부'란 말에 나는 주눅이 들었다. 쿠엔틴은 나를 'G-2'라고 큼직하게 표기된 문 앞까지 데리고 가서는 잘될 거라며 행운을 빌어주었다. 그리고 침착하고 순진한 태도를 취할 것과, 가능한 한 헝가리 사람이라는 내색은 하지 말라는 주의도 주었다.

어느 정도는 심문이 있을 거라고 예상한 나는 상당히 침착한 태도를 취하고 안으로 들어갔다. 내가 생각했던 '심문'은 커다란 테이블 뒤에 도사리고 있었다. 거기에는 자그마한 체구에 코가 오똑 솟은, 좀 거만한 인상의 여자가 앉아있었다. 아름다운 빨강머리를 가진 그녀는 영국 여성으로 그곳 정보부장의 비서였다.

나는 방문 목적을 설명하고 내 이력에 대해 간략하게 말했다. 그러나 이미 쿠엔틴의 충고는 까마득히 잊어버리고 철저하게 헝가리 사람처럼 행동하고 있었다. 내 소개가 끝나자 그녀는 미소를 띠며, 내가 상당히 멋진 갈색 눈을 지녔기 때문에 미군복을 입으면 더 잘 어울리겠다고 말했다.

우리는 한 가지 거래를 했다. 그녀는 내게 미군복을 입혀주기로 했고, 군복을 입게 되는 바로 그날 나는 그녀를 만찬에 초대해 데이트를 즐기기로 한 것이다. 그녀는 모든 일을 잘 처리해 주겠다고 약속했다. 앞으로는 모든 일이 다 술술 풀릴 것 같은 예감이 들었다.

/

다음날 아침, 품위 있게 차려입은 웨이터가 나를 깨웠다. 그는 커피와 이미 식은 으깬 계란과 편지 세 통을 멋진 은쟁반에 담아서 가져왔다. 웨이터가 쟁반을 놓고 간 테이블 위에는 내가 항해 도중에 찍었던 사진의 아직 현상하지 않은 필름 48통과, 보면 볼수록 감개무량한 신분증명서류 뭉치와, 〈콜리어스〉에서 받은 전도금 중에서 쓰고 남은 달러 지폐들이 아무렇게나 널려있었다.

천천히 편지를 개봉했다. 첫 번째 편지는 내게 부여된 새로운 법적 지위와 앞으로의 일에 관해 미육군이 보낸 편지였다. 정식 종군기자 인허를 기다리는 동안 셀베스톤 비행장을 방문해 그곳 기지에 대기 중인 '나는 요새^{Flying} ^{Fortress}'를 촬영해 달라는 요청이 담겨있었다.

또 한 통은 〈일러스트레이티드〉에서 보낸 것이었다. 내 기사에 대한 영국 내 판권을 사고 싶으며, 어떤 기사든 게재 여부에 관계없이 보내주기만 하면 기사당 100파운드를 지불하겠다는 내용이었다.

마지막 편지는 영국에서 공장을 경영하는 야들리 씨가 보낸 것이었다. 그의 부인인 프라워 씨는 뉴욕에 있는 내 친구의 누님이었다. 다음 주말 또는 아무 때라도 마음이 내킬 때 메이든헤드의 자기 집에 와서 지내다 가라는, 일종의 초대장이었다.

아침식사를 끝낸 나는 옷을 차려 입고, 내가 전에 일했던 〈타임〉과 〈라이프〉의 런던 사무실을 찾아갔다. 내가 사진기자로서 처음으로 맡은 큰일이 바로 〈라이프〉 소속으로 한 일이었다. 스페인내전 기간 동안 나는 〈라이프〉

를 위해 일하면서 자주 런던을 오갔는데, 그때마다 런던 사무실은 나를 반갑게 맞아주었다.

딘 가의 오래된 회색 건물은 폭격에 다소 피해를 입은 듯했다. 그 옆의 선술집 바스하우스는 유리창 대신에 널빤지를 붙여 놨지만 그래도 여전히 장사는 잘 되고 있었다. 문득 마음이 따뜻해지면서 옛 추억이 떠올랐다.

5년 전에 사무실을 운영을 거의 도맡아하다시피 한 아일랜드 출신의 두 여성 도로시와 크로키는 여전히 그곳에 있었다. 크로키는 수석조사연구원이 돼 있었다. 5년 전에 비서로 근무할 때 그녀는 짧은 내 영어실력으로 단 사진 설명을 '진짜 영어'로 만드는 데 많은 도움을 주곤 했었다. 그녀는 나의 영어 실력이 런던에서 근무할 때와 비교하면 상당히 늘었다고 말했다.

나는 그녀에게 '호송선단 사령관'이라는 내 기사를 보여줬다. 이 문학적 노력에 그녀는 무척이나 감동했던 것 같다. 약간 다듬어서 완벽한 기사로 만들어주겠다며 무려 4시간 동안이나 타자기 앞에서 꼼짝도 하지 않았으니 말이다.

그 사이에 〈라이프〉 암실 동료들은 옛정을 생각해서 내가 〈콜리어스〉를 위해 찍은 사진을 현상해줬다. 일이 끝난 후 우리는 다함께 아래층으로 내려갔다. 나는 모두에게 진을 돌렸다. 바스하우스의 핑크빛 진으로나마 나의 고마움을 표현하고 싶었기 때문이다.

/

다음날 아침, 〈라이프〉의 사환이 100여 장의 사진과 타이핑된 10쪽짜리 '호송선단 사령관' 기사 세 벌을 내 서명을 넣어서 가지고 왔다. 나는 그중 한 벌은 검열관에게, 또 한 벌은 〈콜리어스〉에 보냈다. 그리고 나머지 한 벌은 영국의 사진잡지 〈일러스트레이티드〉로 가지고 갔다.

사진과 기사를 본 〈일러스트레이티드〉 편집장은 기사에 내 얼굴 사진과 간단한 약력을 함께 게재하려는데 어떻게 생각하는지, 또 '유명한 미국인 사진작가'라고 표기해도 별 문제가 없겠는지를 물었다. 그렇게 해도 괜찮다고 대답하자, 그는 내게 150파운드짜리 수표 한 장을 끊어주었다.

나는 그 수표를 사보이 호텔에서 돈으로 바꾼 다음, 그곳 문지기에게 셀베스톤행 다음 열차 시각을 물었다. 셀베스톤은 경계가 삼엄한 영국의 공군기지로, 패기 넘치는 미공군의 제301폭격대가 주둔 중인 곳이었다. 미공군은 일명 '나는 요새' 폭격기 48대와 우중충한 갈색 페인트를 칠한 병영 서너 채를 보유하고 있었다. 그곳에는 무릎까지 빠지는 진흙탕도 있었다. 나는 시설방문허가증을 제시하고 곧바로 기지 안으로 들어갔다. 그곳의 특무장교는 석 장의 담요가 놓인 철제 침대와 돼지고기 통조림을 내준 후 편히 쉬라고 말하고는 식당 밖 진창 한가운데에 나를 놔두고 사라져 버렸다.

주위의 젊은 군복들은 민간인 복장을 한 내게 눈길조차 건네지 않았다. 마음이 편하기는커녕 어떻게 해야 편하게 지낼 수 있을지 감도 잡을 수 없었다.

그곳 사람들이 모두 어느 병영 막사를 향해 가는 것 같아 나도 그들을 따라가 보기로 했다. 클럽이었다. 안으로 들어간 나는 거의 절망적인 상태에서 누군가가 내게 말이라도 걸어줬으면 하고 기대하고 있었다. 얼마쯤 지났을까? 바 안에 있던 일등병 한 명이 무엇을 마시겠냐고 물어왔다. 고마움을 느끼면서 나는 다른 사람들처럼 생맥주를 마시겠다고 했다.

그 유명한 나는 요새를 타고 최초로 유럽을 횡단한 젊은 조종사들이 내 주위에 몰려 있었다. 그들은 모두 조용하고 점잖아 보였다. 어떤 사람은 오래된 미국 잡지를 읽고 있었고, 또 어떤 사람은 혼자 앉아서 긴 편지를 쓰고 있었다. 유일하게 활기를 띤 곳이 있다면, 사람들의 등에 가려 잘 보이지 않았지만 실내 한가운데에 놓인 큰 테이블 주변이었다.

내가 사람들을 비집고 그 테이블에 다가갔을 때, 누군가가 테이블 한가운데서 돈을 긁어모으며 "하이 앤드 로"라고 외쳤다. 나는 한참 동안 그 게임을 지켜봤지만, 어떻게 돌아가는 건지 도무지 감을 잡을 수 없었다. 다만 그게 일종의 포커게임이며, 솜씨만 있으면 할 수 있는 게임이 분명하다는 판단이 섰다. 잠시 후 포커 패거리 중 한 명이 판에서 빠져나갔다. 드디어 마음 편하게 지낼 수 있는 기회가 내게 온 것이다. 나는 자연스럽게 판에 끼어 그들과 어울렸다.

그들은 내게 카드 두 장은 엎어서, 한 장은 펼쳐서 준 후 2실링 반을 걸라고 했다. 그리고 한 번에 한 장씩 모두 석 장의 카드를 돌려주고는 마지막 카드는 다시 엎어놓았다. 카드를 돌릴 때마다 돈을 걸라고 했는데, 마지막 카드에서 내가 걸어야 했던 돈은 무려 2파운드였다.

패 돌리기가 끝나자 한 명씩 외쳤다. 누군가는 "하이"라고 했고, 누군가는 "로"라고 했다. 나는 내 패를 찬찬히 살펴보았다. 퀸과 킹이 그려진 카드도 있고, 숫자가 낮은 카드도 있었다. 그래서 "하이 앤드 로"라고 외쳤다. 순간 사람들이 나를 이상하게 쳐다보면서 엎어진 카드 석 장을 펼쳐 보이라는 게 아닌가. 나는 카드를 젖혔다. 사람들이 깔깔대고 웃는 가운데 두 명이 판돈을 나눠가졌다.

잠시 후 나는 방에 가서 카메라를 들고 왔다. 그리고 포커를 치는 병사들을 사진에 담는 것으로 잃은 돈에 대한 본전을 뽑은 셈 쳤다. 뿐만 아니라 잡지를 읽고 있는 사람, 편지를 쓰는 사람, 생맥주를 마시는 사람, 음악 감상에 몰두하고 있는 사람까지도 모조리 사진에 담았다.

자정이 되자 클럽은 텅 비었다. 다음날 오전에 예정된 출격에 대비해, 병사들이 아침 이른 시간에 간단한 작전지시를 받아야 하기 때문이었다. 다음날 부대원들은 새벽 5시에 일어나 서둘러 상황실로 갔다. 먼저, 장교 한 명이 기상상태를 상세하게 설명한 데 이어 다음 장교가 목표물의 형태에 대해 언급했다. 세 번째 장교는 비행기가 출격했을 때 반격해 올 적의 전투기 수와 대공포 진지 등에 대해 장황하게 얘기했다.

새벽 6시, 병사들은 다시 클럽에 모여 이륙 신호를 기다렸다. 기다림은 몹시도 지루했고, 신경을 곤두서게 만들었다. 누구도 입을 여는 사람이 없었다. 그들에게는 이번 비행이 유럽을 횡단하는 세 번째 출격이었다.

9시가 되자, 프랑스 상공에 짙은 구름이 드리워져 있어 비행이 불가능하므로 전원 병영으로 돌아가 휴식하라는 안내 방송이 스피커를 통해 흘러나왔다. 병사들은 모두 분개하고 실망하는 눈치였다. 그들은 진흙탕 속의 보금자리로 돌아가 잡지, 편지, 맥주 또는 포커에 열중했다.

이 같은 상황은 나흘 동안 계속 반복됐다. 그동안에 나는 많은 사진을 찍었다. 그리고 '하이 앤드 로' 실력을 연마했고, '바다에 침 뱉기' '베이스볼' '빨간 개'라는 새로운 포커게임도 배웠다. 닷새째 아침 무렵에 나는 완전히 빈 털터리가 돼 있었다. 그래도 그날만큼은 출격 명령이 취소되지 않았기 때문에 나는 포커판 패거리들을 따라 비행기로 가서 다양한 각도로 사진을 찍었다.

1942년 11월, 영국 셀베스톤
미공군 제301폭격대의 조종사

맨 마지막에 이륙하기로 된 비숍이라는 한 젊은 중위가 조종석에 오르기 직전에 잠시 나를 위해 포즈를 취해주었다. 그는 체구는 작은 편이었지만 비행기 주둥이와 무척 닮은 코를 가지고 있었다. 그래서 나는 그를 비행기와 나란히 세우고 사진을 찍었다. 그 둘은 정말 멋진 조화를 이뤘다.

드디어 비행기들이 이륙하기 시작했다. 내가 관제탑에서 기다린 지 무려 여섯 시간 만에 출격을 나갔던 첫 번째 비행기가 수평선 위로 모습을 드러냈다. 우리는 가까이 다가오는 비행기들의 수를 세기 시작했다. 아침에 멋진 편대를 이루고 출격에 나섰던 비행기는 모두 스물네 대였다. 그러나 돌아온 비행기는 온 하늘을 들춰봐도 열일곱 대밖에 안 됐다.

귀환한 비행기들은 관제탑을 중심으로 원을 그리며 착륙허가를 기다렸다. 그중 한 대는 착륙장치 부위의 동체가 파손된데다 기내에 심각한 부상자가 탑승하고 있었다. 관제탑은 그 비행기를 우선 착륙시키기로 결정하고, 동체착륙 지시를 내렸다.

나는 콘탁스 카메라를 꺼내들고 그 비행기가 착륙하여 정지할 때까지의 모습을 한 통의 필름에 꽉 채워 담았다. 그러고는 기체 앞으로 달려가 두 번째 콘탁스 카메라의 초점을 맞췄다. 승강구가 열리고, 부상당한 승무원이 대기 중인 의료진에게 인도됐다. 그는 아직도 신음소리를 내고 있었다. 뒤이어 두 사람이 더 실려 나왔다. 하지만 그들은 아무런 신음소리조차 내지 않았다. 마지막으로 조종사가 내려왔다. 이마에 베인 상처자국을 제외하면 그는 무사한 것 같았다. 나는 클로즈업 사진을 찍기 위해 그에게로 다가갔다. 비행기에서 내리던 그가 갑자기 멈춰서더니 내게 버럭 소리를 질렀다.

"이봐, 사진사! 이게 당신이 기다리던 장면들인가?"

나는 카메라를 닫고 작별인사도 하지 않고 런던으로 돌아와 버렸다.

성공적으로 임무를 완수하고, 필름들로 가득 채운 가방을 들고 런던행 기차를 타고 가면서 나는 나 자신과 사진기자라는 내 직업에 회의가 들었다. 장의사나 해야 할 일을 내가 한 것 같아 역겨운 생각마저 들었다. 만약 장례에 관계된 것이라면, 이제부터 나는 장의사가 아니라 문상객 쪽에 서리라고 굳게 다짐했다.

/

다음날 아침, 간밤에 푹 잔 탓인지 한결 기분이 좋았다. 수염을 깎으면서, 보도사진가로 산다는 것과 다정한 마음을 잃지 않고 간직한다는 것이 서로 양립할 수 있는가에 대해 자문자답을 해보았다. 병사들이 다치고 죽어가는 장면은 빠뜨린 채 그저 한가하게 비행장 주변에 앉아 있는 모습만 찍은 사진은 사람들에게 진실과는 동떨어진 세계를 보여주는 것이다. 사람들에게 전쟁의 실상을 제대로 보여주려면, 전사자와 부상자까지도 여과 없이 찍은 사진을 보여줘야 한다. 생각이 여기까지 이르자, 내가 감상에 빠지기 전에 그런 장면들을 한 통의 필름에 담아두길 잘했다는 판단이 섰다.

〈일러스트레이티드〉에서 전화로 나의 르포 기사가 어떻게 되었는지를 물어왔다. 나는 센세이셔널한 사진이 있다고 자신 있게 대답했다. 그러자 그 쪽에서는 즉시 사람을 보내 사진 원판을 가져다가 자기네 암실에서 현상하겠다는 반응을 보였다.

비행장에서 있었던 일이 좀체 머릿속에서 지워지지 않는 가운데 하루빨리 군복을 입고 싶다는 열망이 전보다 더 커져갔다. 나는 미육군정보국의 빨강머리 비서인 패트를 점심에 초대해 종군기자증 발급을 좀더 서둘러 줄 수 없냐고 물었다. 그녀는 내 서류가 긍정적으로 검토되고 있는 상황이므로 지금 당장 양복점에 가서 미군 종군기자복을 맞춘다 해도 별 문제가 없을 거라고 했다.

양복점에서는 미군 장교복의 스타일에 대해서 분명한 자신감을 가지고 있었다. 옷감의 색깔이 정규복과 약간 달라 보이긴 했지만, 오히려 그 점이 더 좋아 보였다. 종군기자증이 엿새 안에 나올 것 같다고 말하자 양복점에서는 그때쯤이면 완성된 군복을 받아볼 수 있을 거라고 대답했다.

쿠엔틴 레이놀즈에게 이 기쁜 소식을 전해주기 위해 〈콜리어스〉 사무실로 갔다. 소식을 들은 그는, 뉴욕 본사에서 내가 보낸 수송선단의 원고를 받았으며, 그것이 네 페이지에 걸친 기사로 실릴 것이라는 더 기쁜 소식을 말해주었다. 내가 공군을 방문했을 때 있었던 일을 자세히 얘기하자 그는 너무 서둘러 많은 일을 하려 하지 말라고 충고했다. 대신에 '런던의 정신'이라는 것과 더 친해지는 것이 좋겠다며, 어딜 가면 그 정신을 찾을 수 있는지에 대한 몇 가지 힌트와 함께 서너 곳의 주소를 알려줬다.

폭격 직후였지만, 미군의 전격 상륙 직전인 탓인지 '런던의 정신'은 개방적이기도 하고 우호적이기도 했다. 그것은 어디를 가더라도 쉽게 찾을 수 있었고, 여러 가지 다양한 면모를 동시에 지니고 있었다. 그리고 다양한 방식으로 살아 숨쉬고 있었다. 엿새 동안 나는 내가 머물던 사보이 호텔을 떠나 낯선 장소들에서 그 다양한 면모들을 경험했다. 그리고 엿새가 지났을 때, 신이 엿새 동안 이 세상을 창조하고 이레째 되는 날 피로를 풀었듯 나도 호텔로 돌아가 쉬고 싶었다.

　침대에서 쉬고 싶은 마음이 간절한 상태로 사보이 호텔의 내 방문을 열었다. 그런데 뜻밖에도 방문자가 있었다. 방 안을 초조하게 오락가락하고 있던 방문자는 〈일러스트레이티드〉의 스푸너 편집장과 미육군 소령 한 명이었다. 소령은 내 기사가 실린 〈일러스트레이티드〉 한 부를 움켜쥐고 있었는데, 나를 보더니 느닷없이 그 주간지를 내 코앞에 들이대고는 손가락으로 표지를 가리키며 말했다.

　"이게 당신이 찍은 사진 맞습니까? 대체 당신이 무슨 짓을 했는지 알기나 합니까?"

　나는 그 사진을 금방 알아볼 수 있었다. 그것은 내가 비행장에서 찍은 사진들 가운데 제일 마음에 드는 사진이었고, 인쇄상태도 아주 좋았다.

　"네, 그렇습니다만, 비숍 중위와 그의 요새 사진이지요."

　"빌어먹을 비숍 중위 같으니!"

　소령은 냅다 소리를 질렀다. 분노에 찬 그의 손가락은 '요새'의 코끝에 난 작고 검은 점을 가리키고 있었다. 그 점은 내게는 아무것도 아닌 것으로만 보였다. 그러나 바로 그것 때문에 이 같은 소동이 벌어지고 있다는 걸 나는 직감했다. 소령은 곧 나의 침묵과 긴장상태를 깨버렸다.

　"이 작은 점! 이것은 미공군의 일급 기밀입니다! 노든의 폭격조준기_{원자탄과 함께 2차대전 최고의 비밀병기로 손꼽히는 광학조준기로 미국으로 귀화한 독일인 칼 노든이 발명}란 말입니다!"

　나는 그 사실을 전혀 모르고 있었다. 공군 승무원들은 비행기를 운행하지 않을 때는 항상 그 검은 점을 올이 굵은 무명 덮개로 덮어서 가리도록 명

비숍 중위와 그의 '나는 요새'

령 받았는데, 비숍의 폭격기는 운행 바로 5분 전에 덮개를 벗겨버린 것이다. 나는 내가 그 폭격기의 코끝에 관심을 가진 것은 다만 그것이 비숍 중위의 코끝과 닮았기 때문이었다고 해명했다.

스푸너 편집장도 해명에 나섰다. 즉, 미군 검열관에게 그 사진에 대해 해명하게 하려고 일주일 내내 나를 찾았으나 연락이 닿지 않아서 자신이 직접 영국공군 검열관에게 그 사진을 보여주었는데, 그 영국 검열관은 검은 점에 대해 아무런 이의도 달지 않았다는 내용이었다.

〈일러스트레이티드〉의 이 '기밀누설'판은 사흘 후에 가판대에 배포될 예정이었다. 하지만 스푸너 편집장은 이미 인쇄가 끝나 배포 대기에 들어간 사십만 부를 모두 리콜해 폐기처분하겠다고 소령에게 제의했다. 그러자 그가 말했다.

"그렇게 하면 스푸너 씨는 별일 없겠지요. 하지만 카파 씨는 그렇지 않습니다. 애초에 미군 검열을 통과하지 않은 사진은 당신에게, 아니 그 누구에게도 보여줘서는 안 되는 거였단 말입니다."

스푸너 편집장은 인쇄를 중단하고 배포를 막기 위해 서둘러 밖으로 나갔다. 소령은 나에게 가택연금을 지시하고, 사령부에 보고하기 위해 사라졌다. 나는 침대에 풀썩 쓰러졌다. 침대 옆에는 새로 맞춘 종군기자복이 든 옷상자가 놓여 있었다.

이제 내가 그 옷상자를 열어볼 일은 전혀 없을 것 같았다. 그러나 나의 이 추측은 빗나갔다. 그날 오후, 나는 미군공보부에서 보낸 통지문을 받았다. 군속 이외의 신분은 군법재판의 대상이 될 수 없기 때문에 어쩔 수 없이 나를 군속으로 등록시켜야 한다는 내용이었다.

나는 군복 상자를 열었다.

/

다음날 아침, 나는 공보부 및 정보부 장교들로 구성된 위원회의 예비청문회에 출두했다. 위원회가 할 일은 나를 군법회의에 어떤 내용으로 기소할 것인가를 결정하는 것이었다.

그곳에 도착해 내가 처음 느낀 점은 내 제복과 그들의 옷이 우연의 일치라고 하기에는 너무나 비슷하다는 것이었다. 그래서 혹시 그 점 때문에 일을 더 그르치지 않을까 걱정스러웠다.

나는 전후사정을 상세하게, 그리고 열을 내어 설명하면서 내가 무죄임을 주장했다. 그런데 열을 올리면 올릴수록 내 말은, 아니 내가 구사하는 영어는 더 엉망이 되는 것이었다. 위원회 소속 장교들은 한참 무죄라고 열을 올리던 내 말을 도중에 냉정하게 끊어버린 뒤 자기들끼리 논의를 하기 시작했다. 나는 그들이 무슨 말을 하는지 분명하게 알아들을 수 있었다. 그들이 막 의견일치를 보려고 할 때, 공보부장이 비숍 중위와 함께 들어왔다.

비숍은 선서를 끝내고 능수능란하게 진술하기 시작했다. 카파라는 사람은 카드의 '에이스'와 주사위의 '듀스'도 구분 못하고, 또 할 수도 없는 사람이며, 마찬가지로 노든의 폭격조준기와 시레이션 깡통도 구분 못하는 사람이라고 운을 뗐다. 그리고 이번 사건의 모든 일은 눈에 보이지 않는 꼬마 마귀가 조종했으면 했지 결코 카파가 의도한 것은 아니었다고 주장했다.

그때까지 물고 늘어지던 배심원들도 나비처럼 날아서 벌처럼 쏘아대는 비숍의 재빠른 반격에 기선을 제압당한 눈치였다. 그 결과 나는 주의를 받고 방면되었고, 더더군다나 군속증명서까지 발급받았다. 비숍과 나는 서둘러 술집으로 향했다. 비숍이 뜬금없이 내게 물었다.

"그건 그렇고, 그 양복점 주소가 어떻게 돼?"

/

〈콜리어스〉 사무실을 비롯해 사보이 호텔의 바에서는 모두들 내 제복을 보고 감탄사를 연발했다. 모두들 내 제복에 대해 저마다 의견을 피력하다가 결국에는 미국식 재단에다 영국 식민지풍을 가미했다는 데 의견 일치를 보았다. 나는 자축연을 벌이지 않을 수 없었다.

약속대로 빨강머리 비서 패트를 만찬에 초대해 함께 샴페인을 마셨다. 두 번째 병을 비웠을 때에 패트는 나를 알아차리지 못했다. 세 번째 병을 비웠을 때는 자신의 이름도, 주소도 잊어버릴 정도로 취해버렸다. 만일 내가 그녀를 집까지 바래다주지 않는다면, 이번에야말로 이름만 '주교'인 비숍 중위가 아니라 진짜 신부를 불러야 하는 사태가 발생할 것 같았다.

택시를 잡았다. 택시에 타자마자 패트는 나가떨어졌다. 깨우려고 했지만 허사였다. 내 주머니에는 1파운드짜리 지폐 한 장밖에 없었기 때문에 택시 미터기가 올라갈 때마다 내 걱정의 강도도 덩달아 올라갔다. 나는 패트를 다시 한번 흔들어 보았다. 드디어 미터기가 1파운드 10실링을 가리켰다. 나는 내 옷의 모든 주머니를 뒤지고 나서 패트의 주머니도 뒤졌다. 다행히 그녀의 지갑에는 2파운드와, 그녀의 이름과 주소가 적힌 술병지참파티 회원증이 들어있었다. 나는 하이드파크의 서펜타인 호숫가에 택시를 세웠다. 그리고 패트의 머리를 물에 두 번 처박고는 집에다 데려다주었다.

나도 매우 취해 있었다. 하지만 너무도 도덕적으로 행동했고, 그런 자신이 자랑스럽기까지 했다. 나는 앞으로 술을 마시지도, 노름을 하지도 않을 것이며, 빨강머리를 한 아가씨라면 절대로 사귀지 않겠다고 굳게 결심했다.

맹세를 더욱 확실하게 하고 싶었던 나는 비틀거리며 책상 앞으로 다가가 종군기자 카파의 이름으로 각서를 썼다.

"술 금지! 노름 금지! 폭격조준기 금지! 여자 금지!"

그 종이를 옷 위에 올려놓고 나는 편안한 마음으로 잠자리에 들었다.

다음날 아침, 나는 숙취로 머리가 쪼개질 것 같았다. 지난밤에 무슨 일이 있었는지 하나도 생각나지 않았다. 그러다 종이쪽지를 보고서는, 문제를 안 만드는 가장 좋은 방법은 문제를 피해가는 것이라는 결론을 내렸다. 북아프리카로 떠나기 전까지는 시간도 좀 있고 해서 나는 시골의 야들리 씨 댁을 방문해 그곳에 머물기로 마음을 정했다. 호텔 데스크에 연락처를 남기고 메이든헤드행 기차를 잡아탔다.

야들리 씨 댁은 모든 문제로부터 안전한 곳일 것 같았다. 나는 그곳에 도착하면 난롯가에 앉아 탐정소설이나 읽고, 전쟁과 러시아에 대해 야들리 씨와 토론도 벌이고, 9시만 되면 일찍 잠을 청하리라 다짐했다.

/

나는 꽤 말쑥하게 제복을 차려입고 야들리 씨 댁을 방문했다. 야들리 씨는 나를 반갑게 맞으며, 함께 저녁을 먹은 후 블랙커피를 한 잔 마시면 여독이 풀리면서 기분이 한결 좋아질 거라고 말했다. 우리는 테이블에 앉았다. 야들리 씨 내외와 나, 그리고 다른 손님 한 명, 이렇게 넷이서 저녁을 먹었다.

손님은 젊은 여성이었다. 그녀는 바로 내 옆에 앉아있었다. 그러나 나는 애초부터 여자에게는 눈길을 주지 않으리라 마음먹고 있었다. 하물며 상대가 옅은 금발에다 뚱뚱한 여자에게야! 커피까지 마시고 나서 나는, 전날 밤 군복 때문에 축하파티를 열었고, 술을 많이 마신 탓인지 컨디션이 좋지 않다고 양해를 구한 뒤, 의자에 앉아 책을 읽고 싶다고 말했다.

소파에 파묻혀 괜찮은 책을 펴들었지만 이내 잠이 들었다. 10분쯤 지났을까? 축음기의 빽빽거리는 소리에 눈을 떴다. 자그맣고 통통한 체구의 그 손님이 티노 로시^{프랑스의 유명한 샹송 가수}의 음반을 틀고 있었던 것이다. 나는 얼굴을 찡그리며 그 가수가 싫다고 말했다.

그때 나는 그녀가 그다지 뚱뚱하지 않다는 것을 알게 됐다. 그녀는 헐렁한 바지를 입고 스웨터를 걸치고 있었는데, 어쩌면 꽤 날씬한 몸매일 것도 같았다. 게다가 머리도 완전한 금발이 아니라 금빛이 도는 핑크색이었다. 나는 얼른 눈을 감았다. 그녀는 티노 로시의 음반을 더 크게 틀었다.

내가 다시 눈을 떴을 때, 그녀는 불빛을 마주보고 서 있었다. 그녀의 옆모습에서 매우 우아한 영국 여인 분위기가 풍겼다. 그녀의 눈은 회녹색 빛이 도는 가는 눈이었다. 나는 잠을 좀더 자기 위해 테라스로 나갔다.

얼마나 지났을까. 나는 다시 잠에서 깨어났다. 거실 난로에는 장작불이 활활 타오르고 있었고, 축음기에서는 룸바가 흘러나왔다. 그리고 그녀는 몸에 꽉 끼는 검은 드레스를 입고 있었다.

"일레인이라고 해요."

그녀가 말을 건넸다. 나는 이제 더 이상 눈을 감고 버티기가 어렵다는 걸 깨달았다. 하지만 내 춤이 서툰 것을 다행으로 여기며, 내 결심을 굳게 지켜야겠다고 마음을 곤추세웠다. 그녀는 내가 티노 로시의 음악보다 룸바를 더 좋아하기 바란다고 말했고, 나는 내 춤 실력을 있는 그대로 말해주었다. 그리고 내 말이 거짓이 아니라는 것을 증명해 보이기 위해 그녀에게 함께 춤을 추자고 제의했다.

그녀는 내 룸바 실력이 형편없는 것은 아니라며 곧 좋아질 것 같다고 했다. 나는 지난 10년 동안 내 춤 실력을 높이는 데 성공한 사람은 단 한 사람도 없었다고 대답했다. 그러자 그녀는 자기에게 획기적인 아이디어가 하나 있다고 했다. 나 역시 그런 것 같다고 말했다.

그때 야들리 씨 부부가 다시 내려와서 읽고 있는 책이 재미있냐고 물었다. 나는 룸바 교습을 받으며 시간을 보내고 있었다는 걸 말하지 않을 수 없었다. 그리고 이제 곧 북아프리카로 떠나야 하는데 그곳에서는 아무도 룸바를 추지 않는다며 궁색한 이유를 덧붙였다. 때마침 핑크색 머리의 그녀가, 내가 춤추는 법도 배우지 못한 채 죽기라도 한다면 얼마나 안된 일이냐고 말하자 모두들 수긍했다.

우리는 북아프리카를 위해 샴페인 한 병을 땄다. 내 룸바 실력은 확실히 나아졌고, 나는 그녀를 핑키라고 부르기 시작했다. 그녀는 전혀 개의치 않는 눈치인가 싶더니 축음기를 끄고는 내 책을 집어 들고 읽기 시작했다. 나는 축음기 쪽으로 가서 티노 로시의 음반을 틀었다.

야들리 씨 부부는 한바탕 크게 웃더니 자기들은 이제 자러가야겠다고 말하고 사라졌다. 핑키는 책에서 눈을 떼고 나를 올려다보며 말했다.

"당신은 정말 바보예요."

나도 질세라 대꾸했다.

"당신은 지독한 심술쟁이^{teaser}요."

그녀는 내가 쓴 영어표현이 적절하지 않다고 말했다. 나는 그녀의 입술에서 딸기향이 난다고 말했다.

"영국에는 딸기가 그리 많지 않아요. 하지만 그 적은 것들 중에는 매우 훌륭한 것도 있지요. 비꼬는 말이 아니에요."

이윽고 나는 그녀가 정말 비꼬고 있지 않다는 걸 알았다. 그녀가 있어 행복했고, 그녀를 알게 되어 기뻤다.

전화벨이 울렸다. 사보이 호텔에서 온 전화였다. 호텔 측은 벌써 두 시간 전부터 계속 전화 연결을 시도했다면서, 미공보부에서 파견된 크리스 스코트 대위가 5분마다 전화를 걸어 나를 찾는다고 말했다. 통화를 끝낸 나는 핑키에게 역까지 좀 태워달라고 부탁했다.

차 안에서 나는 그녀에게 말했다.

"북아프리카로 가게 돼서 얼마나 기쁜지 몰라요. 내가 기자고, 집시며, 게다가 적국인이란 사실도 마음에 들고! 그런데 이렇게 기쁜 마음 한편으로 슬픔이 느껴지는군요. 그건… 당신이 너무 사랑스럽기 때문이에요."

그녀는 아무런 대꾸도 하지 않았다. 그리고 역에다 나를 내려주고는 잘 가라는 인사도 없이 차를 몰고 떠나버렸다.

크리스 스코트는 매우 훌륭한 젊은 장교였다. 내일 도착하게 해도 괜찮은데 굳이 이 한밤중에 달려오게 해서 매우 미안하다고 말하는 그에게 나는 내 최대 희망은 북아프리카로 가는 것이므로 괜찮다고 말했다. 그리고 전화는 때맞춰 걸려왔었다며 핑키에 대해 얘기하고는, 차라리 잘된 일이라고 덧붙였다.

그가 스카치 한 병을 꺼내 와서는 나의 행운의 도피를 위해 건배하자고 했다. 나는 위스키가 딸기보다 훨씬 더 맛있다고 말했다. 그는 곧장 내 말을 이어받아 자기는 딸기가 더 좋으며, 내가 북아프리카에 나가 있는 동안 자신은 런던에 머물게 될 것 같다고 말했다. 그래서 나는 핑키에 대해 내가 알고 있는 모든 것을 그에게 말해줬다. 반드시 핑키라고 불러야 한다는 것과, 그녀의 정확한 이름과 전화번호는 깜빡 잊고 물어보지 않았다는 것을. 그러자 크리스는 매우 아쉬워하며, 내가 그녀의 이름도, 주소도, 전화번호도 모르다니 무척 유감스러운 일이지만, 설사 알았다 해도 자기에게는 알려주지 않았을 게 분명하다고 너스레를 떨었다.

다음날 아침, 나는 야들리 씨에게 전화를 걸어 고맙다는 말과 작별인사를 전했다. 그러고는 아무렇지도 않은 듯 시치미를 떼면서 혹시 일레인이 옆에 있냐고 물었다. 그녀는 이미 시내로 떠났다고 했다. 야들리 씨는 더 이상 그녀에 대해 말하지 않았고, 나도 그 이상은 묻지 않았다.

나는 매우 바빠졌다. 미육군은 나에게 이동 명령을 내렸다. 영국 정부는 출국을 허가하고, 재입국 시에는 새로운 비자를 발급받아야 한다는 것과, 내가 미군복을 입고는 있지만 공식적으로는 헝가리 사람임을 잊지 말아야 한다고 주의를 주었다.

내가 타야 할 글래스고 행 열차는 저녁 7시 반에 유스턴 역을 떠나기로 돼 있었다. 글래스고는 내가 배를 타기로 한 곳이었다. 역에 너무 빨리 도착한 나는 내 출발을 자축하기 위해 근처의 술집을 찾아갔다. 바는 사람들로 북적였다. 빈자리가 딱 한 군데 있었는데, 여자 혼자 앉아 있는 테이블이었다. 뚱뚱하지도 않고, 금발이 아닌 핑크색 머리카락을 가진 여자. 바로 핑키였다.

그녀는 나를 올려다보며 말했다.

"더 일찍 왔더라면 좋았을 텐데…."

그녀는 어떻게 해서 내가 탈 열차를 알아냈는지 말하지 않았다. 나는 웨이트리스에게 샴페인이 있냐고 물었다. 고급 샴페인 한 병이 나왔다.

건배를 한 후 핑키는 구슬픈 옛 샹송 한 곡을 부르기 시작했다. 제목은 '기다릴게요'였다. 웨이트리스가 감상에 젖은 채 핑키의 노래를 들었다.

우리가 역에 도착했을 때는 발차 시간이 거의 다 된 무렵이었다. 한 젊은 해군 녀석이 차창 전부를 차지한 채 자기 애인과 이별의 키스를 나누고 있었다. 기차는 막 출발하려는 참이었다. 나는 그 녀석에게 냅다 소리 질렀다.

"이봐! 좀 나눠 쓰자."

해군 녀석은 돌아보지도 않고 대답했다.

"이 미국 놈아, 난 아무하고도 여자를 나눠 쓰지 않아!"

"여자 말고 창문 말이야, 창!"

그가 비키고 나서야 난 겨우 차창 밖으로 고개를 내밀고 키스를 했다. 그녀의 입술에서는 여전히 딸기향이 났다. 나는 자리를 찾아 앉았다. 여전히 그녀의 이름도, 전화번호도 모른 채.

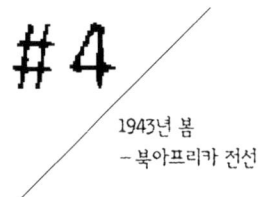

#4
1943년 봄
- 북아프리카 전선

정기 군수송선을 타고 나는 알제에 도착했다. 그 배는 춘계 대공세와, 오랫동안 지연된 튀니스 탈환작전에 증원군으로 투입될 스코틀랜드 신예부대를 북아프리카로 실어 나르는 배였다.

배가 항구에 들어설 무렵에는 새로 맞춰 입은 내 군복이 더 이상 낯설게 느껴지지 않았다. 그리고 다른 사람들도. 배 안의 사람들은 모두 전쟁에서 겪게 될지도 모를 기이하고도 불가사의한 경험 같은 것을 기대하고 있었는데, 항해 도중에는 나라는 사람과 내 말투가 그런 대상 중의 하나였다.

내 카메라를 뺏으려거나 내 존재에 대해 의혹을 갖는 사람은 단 한 사람도 없었다. 여권을 보여 달라는 사람도 없었다. 알제의 공보장교는 수백 킬로미터나 떨어진 튀니지의 구릉에서 전투가 벌어질 것이며, 아군은 이미 대공세 태세를 갖추고 개시 명령을 기다리고 있다고 귀띔해주었다. 나는 지프 한 대와 침낭과 운전병을 제공받아 즉시 전선을 향해 출발했다. 그곳에서의 전투를 하나도 놓치지 않고 취재할 수 있기를 기원하면서.

우리는 밤낮으로 달린 끝에 가까스로 페리아나의 육군 사령부에 도착했다. 그러나 대공세는 이미 시작되어 아군 기갑부대가 가프사를 돌파한 상태였다. 전쟁이 의외로 빠르게 전개된 것에 낙담한 나는 운전병과 함께 제1기갑부대를 뒤쫓기로 했다. 꼬박 하루를 쉬지 않고 달린 끝에 우리는 가프사에 다다랐다. 드디어 전쟁의 꼬리만은 따라잡은 셈이었다.

다음날 선두 부대를 따라잡으려면 잠을 푹 자두는 게 상책이었다. 군에서는 아랍인 학교에다 내 숙소를 마련해주었다. 어두컴컴한 교실 마룻바닥에는 침낭이 빽빽이 깔려 있었다. 벽 옆에 한 곳이 비어있어 나는 그곳에 침낭을 펴고 몸을 밀어 넣었다.

꿈을 꾸었다. 꿈에서 나는 가까스로 튀니스의 성문 앞에서 기갑부대를 따라잡고는 선두 전차에 올라섰다. 그리고 롬멜이 체포되는 순간을 사진에 담는 유일한 사진기자가 되었다. 그때 마을 한복판에서 포탄 한 발이 터졌고, 나는 얼굴에 화상을 입었다.

꿈에서 깬 나는 눈을 뜨려고 안간힘을 썼다. 그러나 얼굴이 심하게 화끈거리는 느낌이 드는 가운데 도무지 눈이 떠지지 않았다. 영웅이 되는 꿈을 꾸는 동안 부상을 당한 게 틀림없다는 생각이 들었다. 나는 살려달라고 외쳤다. 곧 누군가가 내 침낭으로 다가오는 소리가 들렸다.

"이 멍청한 자식, 아랍인 집에서 잘 때 벽 쪽에 붙어서 자면 빈대한테 엄청 뜯긴다는 것을 몰랐나?"

나는 손가락 끝으로 퉁퉁 부은 눈꺼풀을 간신히 떼어냈다. 그리고 짙은 색 선글라스로 얼굴을 가리고 운전병을 찾아 밖으로 나갔다.

나는 운전병과 함께 다시 길을 떠났다. 이 전쟁이 싫어지기 시작했다. 종군기자의 삶이란 별로 낭만적인 게 못 됐다. 울퉁불퉁한 길을 따라 황량한 사막을 가로질러 몇 시간을 달렸지만, 아군이든 적군이든 간에 살아있는 생명체라고는 하나도 보이지 않았다. 단지 독일군이 버려두고 간 쓸모없는 장비들만 눈에 띌 뿐이었다.

지프를 세워야 할 급한 용무가 생겼다. 그러나 간밤의 경험 탓에 아랍 문화권 건물의 화장실을 이용하고픈 마음이 내키지 않았다. 근처에 여자라도 돌아다닌다면 또 모를까. 게다가 빈대의 공격으로 두 눈까지 침침한 상태였기 때문에 더욱 지프에서 멀리 떨어지고 싶지 않았다. 그래서 길에서 2~3미터 떨어진 곳에 선인장 덤불이 보이자 냉큼 그곳으로 달려갔다.

아프리카 선인장 덤불은 용변을 보기에 썩 괜찮은 곳이었다. 선인장 그늘에 작은 나무 표지판이 하나 있었다. 다가갈수록 점점 더 크게 보이는 그 표지판을 나는 눈을 동그랗게 뜨고 바라보았다. 거기에는 독일어가 적혀 있었는데, 그 뜻은 쉽게 알 수 있는 것이었다. 선글라스를 통해 내 시야에 들어온 글귀는 '주의! 지뢰!'였다.

순간 내 몸은 얼어붙었다. 꼼짝할 수도, 또 그럴 엄두조차 낼 수 없었다. 지뢰는 금방이라도 폭발할 것만 같았다. 나는 운전병을 향해 큰 소리로 내가 곤경에 처했음을 알렸다. 지금 지뢰밭 한복판에 서있다고. 운전병은 내 상황이 꽤나 웃기는 모양이었다. 하지만 나는 절대로 웃을 수 있는 처지가 아니었다. 내 발자국을 따라 되돌아갈까 하는 생각도 해보았으나, 처음에 터지지 않았던 지뢰가 언제 터질지 모르니 그럴 수도 없는 노릇이었다. 그래서 운전병에게 빨리 돌아가서 지뢰제거반을 데려오라고 했다.

나는 엉덩이를 깐 채 그곳에 갇힌 꼴이 되었다. 쓸쓸함과 공허감과 정적만이 감도는 사막의 선인장 덤불 뒤에서 죽음을 무릅쓰고 모래 위에 못박혀 있는 신세가 된 것이다. 이러다 죽으면 내 사망기사는 신문에 실리지도 못할 거라는 생각을 시작으로 별의별 생각이 다 들었다.

　몇 시간 후 운전병은 지뢰제거반과 〈라이프〉 사진기자를 데리고 돌아왔다. 〈라이프〉 기자는 지뢰가 제거되는 동안, 폭사하기 직전의 내 사진을 찍으며 말했다.

　"아군의 공격도 중단돼 지루한 마당에 재미있는 사진거리 하나 건지게 됐는걸!"

　때마침 이때 롬멜의 정예 기갑부대인 헤르만 괴링 부대가 아군의 전진을 가로막고 있었던 것이다. 이에 실망한 신문기자들은 되돌아가 가프사 외곽 4~5킬로미터 지점에 위치한 작은 오아시스에 캠프를 치고 있었다.

　어두워질 무렵 보도캠프에 돌아와 보니 벌써 내 소문이 파다했다. 당시 기자들은 중단된 전투에 대해서는 기사를 쓸 수 없었기 때문에 나의 이 작은 모험은 '고향으로 보내는 편지' 담당부서 사람들에게 썩 괜찮은 기삿거리를 제공해줬다.

　모두들 아내와 애인에게 편지 쓰는 모습을 보니 나도 핑키 생각이 났다. 그러나 그녀의 주소를 모른다는 것이 다행스러웠다. 사실 오늘의 모험은 그녀에게 내세울 만한 것이 아니지 않은가?

/

자정 무렵이 되자 사막의 오아시스에 차린 보도캠프에 전원을 공급하던 발전기가 빌빌대기 시작했다. 기자들은 모두 잠자리에 들었다. 사하라사막 한 귀퉁이에 캠프를 마련했으니 지뢰나 빈대 같은 것은 없을 거라는 확신이 섰다. 아무 꿈도 꾸지 않고 푹 잘 수 있기를 바라며 나도 잠자리에 들었다.

그러나 나는 꿈을 꾸었다. 검은 밤하늘에 붉은색과 녹색이 뒤섞인 화염이 솟구치고, 붉은 총탄이 날아들고, 포탄이 연달아 작렬하는 등 온갖 종류의 환상적인 것들이 꿈에 나타났다. 나는 침낭 안에서 밤새 몸을 뒤척이며 잠을 잤다.

다음날 아침 눈을 떠보니 내가 자던 텐트는 흔적도 없이 사라진 상태였다. 간밤에 보도캠프가 폭격을 맞아 모든 텐트가 날아가 버린 것이다. 다행히 부상당한 사람은 없었다. 그런 와중에도 나는 동요도 하지 않은 채 계속 잠을 잤으니 다른 기자들의 선망과 감탄의 대상이 될 수밖에 없었다. 덕분에 지뢰밭 에피소드는 사람들의 기억 속에서 잊혀져 버렸다.

/

〈타임〉의 빌 랭과 어니 파일이 자기들 지프에 나를 태워주었다. 북아프리카 전장의 고참격인 그들은 내 건강이 허락하는 한 원 없이 사진을 찍을 수 있도록 얼마든지 전쟁터를 보여주겠다고 약속했다. 이번에는 도로사정이 좀 나았고, 거리도 훨씬 짧은 편이었다. 우리는 엘 게타르 방향으로 나아갔는데, 그곳에는 제1보병사단이 반격해오는 독일군 부대를 저지하고 있었다.

전선까지 가는 동안 우리는 무수한 전투 현장을 지나쳤다. 독일군 전투기들이 쉴 새 없이 기총사격을 퍼붓는 통에 2~3분 간격으로 지프를 세우고 길 옆 도랑으로 숨지 않으면 안 되었다. 짜릿한 상황이 계속 연출됐지만 나는 단 한 장의 사진도 찍지 못했다.

빌과 어니는 사단 본부 앞에 차를 세웠다. 그들은 첫 사진을 찍기 위해 서둘러 전장을 찾아가야 하는 나에게 전투가 벌어지고 있는 곳의 위치를 친절하게 일러주었다.

"여기서 조금 더 가면 작은 제벨^{언덕을 뜻하는 아랍어} 두 곳이 나오는데, 거기를 넘어서 제벨 사이의 와디^{계곡을 뜻하는 아랍어}에 몸을 숨겨. 거기서 병사들에게 전장이 어디냐고 물어보면 가르쳐줄 거야."

빌과 어니가 알려준 대로 나는 제벨과 와디를 찾아갔다. 제16보병연대 소속의 미군 병사들은 개인호 안에서 편지를 쓰거나 책을 읽고 있었다. 나는 그들에게 다가가서 전장이 어디냐고 물었다. 병사들은 앞에 보이는 제벨을 가리켰다. 어느 와디에서든 그곳의 병사들은 제벨을 가리켰고, 제벨의 병사들은 와디를 가리켰다.

마침내 나는 제일 높은 마지막 언덕 위에서 50여 명의 병사들이 느긋하게 시레이션^{C-ration} 깡통을 데우고 있는 것을 보았다. 그들의 얼굴에서 전의라는 것은 찾아볼 수 없었다. 나는 중위 한 명에게 다가가 물었다.

"총격전이 벌어지는 곳이 어디요?"

"글쎄요, 뭐라고 말을 해야 할지…. 아무튼 우리 소대가 이 전선에서 가장 전방에 있는 소댑니다."

중위는 나를 위로하려는 듯 시레이션 한 통을 내밀었다. 전혀 먹음직스러워 보이지 않는 그 깡통을 받아들고 한 술 뜨려는 순간, 포탄 한 발이 쉭 소리를 내며 날아왔다. 나는 고기와 콩을 몽땅 뒤집어쓴 채 납작 엎드렸다. 다행히 독일군 포탄은 2~3백 미터 떨어진 곳에서 터졌다. 내가 고개를 들었을 때 중위는 꼼짝도 않은 자세로 나를 내려다보고 있었다. 꽤 점잖을 빼는

모양새였다. 나는 멋쩍어하며 일어나서는 옷에 묻은 콩을 털어내면서 그에게 말했다.

"이 전쟁은 꼭 늙은 여배우 같수다. 상황은 점점 더 험악해져만 가는 가운데 사진발까지 더욱더 나빠지니 말이오."

다시 쉭 하는 소리가 났을 때는 중위도 잽싸게 몸을 낮췄다. 독일군은 우리한테 진짜 좋은 포탄만 골라서 쏘아대는 모양이었다. 처음엔 우리가 위치한 언덕의 정상을 포탄으로 말끔하게 밀어버리더니, 이내 탱크 50대와 보병 2개 연대를 우리 측 제벨 기슭에까지 바싹 진격시켰다. 아군 대전차포도 총출동해 격렬한 반격전을 벌이기 시작했다.

나는 시야가 탁 트인 곳에서 전투를 지켜봤다. 장군 세 명도 나와 함께 전망 좋은 관람석에 자리를 잡고 아군을 격려하기 시작했다. 패튼 장군은 제2군단을, 테리 앨런과 테디 루스벨트 장군은 제1사단을 지휘하고 있었다. 아군이 독일군 전차를 보기 좋게 명중시킬 때마다 별 세 개가 달린 철모를 쓴 패튼 장군은 기쁨을 숨기지 못하고 흥분하곤 했다. 테리 앨런 장군은 휴대용 무전기를 집어 들고서 그의 팀을 직접 지휘했고, 테디 루스벨트 장군은 등나무 지팡이를 즐거운 듯 휘둘러댔다.

늦은 오후가 되어서야 독일군은 퇴각했다. 불타버린 전차 스물네 대와 셀 수 없이 많은 독일군 시체를 남긴 채로.

나는 갖가지 사진을 찍었다. 모래먼지, 포연, 장군들의 모습…. 모두 내가 느끼고, 내 두 눈으로 좇으며 찍은 사진들이었다. 그러나 어느 것 하나 전투의 긴장감이라든가 극적인 장면을 담고 있지 않았다.

1943년 3월 23일, 튀니지 엘 게타르.
이날 미군은 패튼 장군의 지휘 아래 독일군을 대파했다.

／

아군은 해안선 및 튀니스로의 진격에는 실패했지만, 가프사를 탈환하려던 독일군을 저지하는 데에는 성공했다. 제1사단은 3주 동안이나 엘 게타르의 제벨 위에서 전투를 벌였다. 나도 매일 먼지와 연기와 죽음이 되풀이되는 똑같은 사진을 찍었다.

해가 지고 나면 우리는 언제나 보도캠프로 되돌아갔다. 기자들은 기사를 타이핑하고, 나는 사진을 송고했다. 그날 있었던 일에 대해선 어느 누구도 말을 꺼내지 않았다. 우리는 알제리산 포도주를 마시고, 고향에 두고 온 여자들에 대해 이야기했다. 모두 자기 여자가 이 세상에서 가장 섹시하고 훌륭하다고 추켜세우면서, 사실을 증명하기 위해 언제나 흐릿하고 빛바랜 사진을 꺼내보이곤 했다.

나는 내 여인은 '핑크'라고만 말했다. 고향에 두고 온, 이제는 기억도 가물가물한 여인을 들춰내 자랑하고 미화하는 거짓말은 심각하게 듣던 닳고 닳은 글쟁이들이 내 이야기에는 터무니없다는 듯 웃음보를 터뜨렸다.

"세상에 핑크색 여자가 어디 있어? 자네도 다른 사람들처럼 금발이나 갈색 또는 빨강 머리의 여자가 있다고 그럴싸한 거짓말이라도 좀 꾸며내 봐."

그러나 내게는 내 주장을 증명할 만한 사진조차 없었다.

그로부터 며칠이 지난 어느 날 아침, 알제에서 우편 트럭이 도착해 내게 소포 하나를 전해주었다. 속에는 엷은 포장지에 싼 영국 인형, 즉 핑크색 머리의 인형이 들어있었다. 그날 이후로 아무도 나의 '핑크'의 존재에 대해 문제를 제기하지 않았다.

/

날이면 날마다 엘 게타르 부근의 똑같은 제벨에 기어올라 똑같은 사진을 찍는 것은 위험하면서도 무의미한 일이었다. 그래서 나는 터벅대며 산을 오르는 대신 비행기로 이동할 수 있게 해주겠다는 제의를 받았을 때, 게다가 때때로 포커라는 사내들만의 예술도 가르쳐주겠다는 제의를 받았을 때 앞뒤 가릴 것도 없이 얼른 수락해버렸다. 그 제의는 내 오랜 친구인 비숍 중위가 한 것이었다. 그는 자기가 속한 제301폭격대가 이미 북아프리카에 배치돼 있으며, 종군기자를 동승시켜도 좋다는 허가를 받아 놓았다고 했다.

나는 요새들은 여기저기에 총탄자국을 달고 있었다. 그리고 조종사들은 많은 훈장을 달고 있었다. 포커판만은 예전 그대로였다. 나 역시 전혀 달라진 게 없어, 첫날밤에 왕창 잃고 말았다.

날이 밝자 우리는 비제르테 항에 집결한 독일 함대를 폭격하기 위해 이륙했다. 나는 제이 중위가 탄 비행기에 동승했다. 그는 간밤의 포커판에서 크게 한몫 잡은 사람으로, 나는 그가 자기가 딴 돈 때문에라도 신중하게 비행할 거라고 생각했다.

우리가 탄 요새는 '불량배'라 불리는 전투기였다. 비숍이 탄 '그렘린'은 내가 탄 전투기의 오른쪽 날개에 부딪힐 것처럼 바싹 붙어 날았다. 하늘을 난다는 것은 멋지면서도 지루했다. 산소통은 지난 밤 마신 술의 숙취를 말끔히 가시게 했고, 6천 미터 상공의 찬 공기는 지상의 열기에 비하면 환영할 만한 것이었다.

목표 상공에 도달하자 지루함은 덜해지고 흥분이 더해지기 시작했다.

대공포탄이 터지면서 기체가 흔들렸고, 포탄에서 나온 검은 연기가 우리 편대 바로 밑에서 거대한 카펫을 형성했다. 우리는 그 위에서 이리저리 구르는 꼴이었다.

직선 대형을 유지하면서 목표 선단 상공에 도달한 우리는 투하구를 열고 폭탄을 쏟아내기 시작했다. 비숍 중위가 무전을 통해 "하이 앤드 로"를 외치자, 요새들은 편대를 풀었다. 대형에서 벗어난 우리는 한차례 강하한 다음 다시 상승했다.

아군 전투기가 지난 궤적을 따라 작은 검은색 연기와 불타는 선체의 거대한 연기가 한데 뒤섞이며 소용돌이 쳤다. 우리는 바다 위를 저공비행하며 산소마스크를 떼어내고 그 지루한 한판을 마무리했다. 농담을 주고받는 우리의 얼굴에 그제야 안도의 빛이 서리기 시작했다.

노름꾼들은 모두 무사히 귀환해 다시 포커판을 벌였다. 잃은 돈을 되찾지 못한 나는 하루 더 머무르기로 결심했다. 그 결심은 닷새 동안 갱신됐고, 그동안 나는 매일같이 폭격기를 타고 튀니스, 나폴리, 비제르테 상공을 날았다. 그러나 내 포커 운은 조금도 좋아지지 않았다.

그러는 사이 새로운 공격 목표가 주어졌다. 바로 팔레르모였다. 이날의 대공포는 최악이었다. 독일군 전투기 2개 중대가 상공에서 우리를 기다리고 있었다. 그들은 우리 위쪽 상공에서 작은 은빛 점으로 머물고 있는가 싶더니, 어느새 번쩍이는 날개를 퍼덕이며 우리 쪽으로 다가와 화염을 뿜어댔다.

그들이 발사한 총탄은 우리 전투기의 날개에 재봉틀처럼 일정하고 정확하게 구멍을 뚫었다. 내가 탄 '불량배'는 거의 추락할 뻔했다. 제이 중위는 해면에 닿기 바로 직전에 가까스로 기수를 들어올렸다. 다행히 엔진 세 개가 아직 건재했기 때문에 우리는 무사히 기지로 돌아올 수 있었다.

함께 출격했던 전투기 대부분은 이미 돌아와 있었다. 우리는 활주로에서 나머지 전투기의 귀환을 밤늦도록 기다렸다. 그날 밤 우리는 포커판을 벌이지 않았다. 동료 한 명을 잃었기 때문이다.

다음날 나는 나는 요새를 떠났다. 그리고 적의 영토에 다섯 번이나 출격하며 성공적으로 임무를 완수했다는 이유로 공군훈장에 추천되었다. 사실 나는 명예 상이기장을 받을 자격도 충분했다. 닷새 밤을 포커판에 매달리며 돈을 잃는 상처를 입었으니 말이다.

/

나는 요새를 타고 날아다니는 동안, 아쉽게도 나는 아군의 결정적인 공격전을 놓쳐 버리고 말았다. 독일군은 갑작스런 패배를 맞았고, 우리 군은 튀니스를 점령했다.

승리라는 것은 즐겁기도 하고 동시에 피곤하기도 했다. 낮 동안 병사들은 튀니스의 거리에서 수백 명의 할머니들에게 키스 세례를 받았으며, 포도주잔을 주는 대로 비워야 했다. 우리는 현대식 대형 건물의 근사한 방을 하나 마련해 전쟁이야기는 집어치우고 본격적인 축하연에 돌입했다. 그리고 게슈타포에게서 빼앗은 창고에서 충분한 양의 술을 가져다 놓고 승리의 찬가를 외쳐 부르는 목이 마르지 않도록 했다.

한밤중에 문을 두드리는 소리가 나더니 점잖은 차림의 프랑스 민간인 한 명이 방으로 들어왔다.

"여러분! 3개월 내내 여러분은 밤이면 밤마다 우리에게 폭격을 퍼부었습니다. 그건 그렇다고 칩시다. 그게 전쟁이니까요. 하지만 이제는 평화가 선언된 마당이니 제발 내 아내와 어린 딸이 잠 좀 잘 수 있게 해주세요!"

우리는 용감하게 저항하는 프랑스인의 목에다 독일산 브랜디 한 잔을 가득 부어넣었다. 그리고 내일이면 반드시 평화가 실현될 것이라고 약속했다. 나는 내 가방 속을 더듬어 핑크빛 인형을 찾아내서는 꾸벅꾸벅 졸고 있을 그의 어린 딸에게 선물로 주라고 내밀었다.

승리의 숙취는 독하고도 고통스러웠다. 우리의 전투도 당장에 끝이 났다. 술은 한 방울도 남김없이 다 떨어져버렸고, 튀니스의 어여쁜 처녀들은 죄다 그들의 아버지들이 방에 가두어 버렸기 때문이다.

비상식량으로 지급된 휴대용 커피를 데우고 아침거리를 마련하고 있는데 빌 랭이 나를 한쪽 구석으로 데리고 갔다. 그는 적어도 4주 후에나 다음 공격이 있을 거라는 정보를 입수했으며, 이 전쟁은 어차피 장기화될 수밖에 없다고 내게 말했다. 따라서 애인을 런던에 내버려두고 그리움에 사무치게 하는 것은 위험하다고 덧붙였다. 닷새 후에 영국으로 가는 배가 뜰 거라는 말과 함께.

이틀 후 나는 알제의 영국 영사관 대기실에 앉아있었다. 영사는 전형적인 공무원다운 고지식한 사람이었다. 그는 분명 프랑스인과 아랍인 모두에게 진절머리가 난 게 분명했다. 그러니 미국인한테도 시달리고 싶지 않았을 것이다.

"미국인에다 육군 소속이라면 여행명령서가 있을 테니 비자는 필요하지 않을 겁니다."

"사실 나는 미국인이 아닙니다. 미육군과 아주 가까울 뿐이지요. 그래서 반드시 비자가 필요합니다."

뉴욕의 영국영사가 내게 마련해준 서류를 쭉 훑어본 그가 냉담하게 말했다.

"상당히 변칙적인 경우군요. 대체 뉴욕 영사관의 어떤 사람이 이런 허가를 냈는지 납득할 수가 없군요."

그는 얼굴을 들지 않고 계속 말했다.

"영국에 가려는 이유가 뭡니까?"

"순전히 감상적인 이유에서요."

"허가 기간은 사 주, 비자 요금은 일 파운드 십 실링입니다."

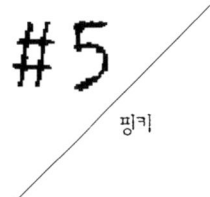
핑키

여러 차례 지연된 탓에 무려 열엿새나 지난 어느 일요일 아침, 빌 랭과 나는 리버풀에 입항했다. 우리가 런던에 도착한 때는 점심시간이 좀 지난 무렵이었다. 런던에서 우리는 헤어졌다. 빌은 최고급 호텔에 묵기로 했고, 나는 메이든헤드행 열차에 올라탔다.

　그날도 일요일이었다. 야들리 씨의 저택은 6개월 전 모습 그대로였다. 그러나 이번에 노크할 때는 지난번보다 좀더 겁이 났다. 야들리 씨가 문을 열었다.

　"마침 잘 왔어요. 차를 마시려던 참인데, 때맞춰 오셨군요."

　거실에는 장작불이 타고 있었다. 집안에 여자 손님이 한 명 있었지만 머리칼이 핑크빛은 아니었다. 그들은 나에게 북아프리카가 어떠했는지 물었다. 나는 그곳의 전쟁에는 진절머리가 난다고 말했다. 그들은 영국에서의 전쟁 역시 지긋지긋하다고 조심스럽게 말했다. 나는 축음기 쪽으로 천천히 발걸음을 옮겼다. 야들리 부인은 고개는 돌리지 않은 채 눈으로 나를 쫓다가 불쑥 물었다.

　"카파 씨! 북아프리카에 있는 동안 룸바 실력은 좀 늘었나요?"

"교습을 더 받아야 할 것 같아요."

"그렇다면 좋은 방법이 있는데."

얘기는 거기서 끝이 났지만 나는 기분이 한결 나아졌다. 우리는 북아프리카의 날씨와 비상식량에 대해 이야기를 나누었다. 대화가 잠시 중단된 틈을 타 나는 티노 로시의 음반을 집어 들었다. 그러고는 야들리 씨를 향해 돌아섰다.

"그런데, 이 끔찍한 음반을 좋아하던 금발 아가씨는 어떻게 됐습니까?"

"아! 일레인 파커 말이죠? 사실 그녀는 더 이상 티노 로시의 음반을 듣지 않는답니다. 오늘 여기에 오기로 돼있었는데, 일요일인데도 정보부 야근이 생긴 모양이에요. 그녀가 어디서 일하는지는 알고 있죠?"

저녁을 먹은 후, 나는 런던으로 돌아가야 한다고 말했다. 나를 붙잡는 사람은 아무도 없었다. 메이든헤드에서 런던까지 가는 길은 북아프리카에서 영국까지의 거리보다 더 멀게 느껴졌다.

기차에서 내리자마자 정보부로 전화를 걸었다. 그리고 일레인이 미국과 직원이며, 한밤중이 되어서야 근무하러 올 거라는 사실을 알아냈다. 아직 두 시간이나 더 남아있었다.

클래리지 호텔로 가서 빌을 만났다. 그는 우리가 쓸 방으로 거실이 딸린 방 두 개를 잡아놓고 있었다. 그의 애인은 하루 종일 전화를 받지 않았다고 했다. 나 또한 운수가 나쁜 날이라고 짐작했는지, 그는 함께 위스키나 마시자며 나를 바라봤다. 나는 한밤중에 데이트가 있다고 말하고, 북아프리카에 머문 6개월간 달라붙었던 묵은 때를 깨끗이 씻어냈다.

자정이 되자 수화기를 들고 일레인의 내선번호로 돌려 달라고 요구한 다음 그녀가 전화 받기만을 가만히 기다렸다.

"미국과의 파커입니다."

"머리카락이 무슨 색이죠, 파커 양?"

"누구시죠?"

"어떤 노래를 제일 즐겨 듣나요, 파커 양?"

"당신 지금 어디에요?"

"나, 당신을 사랑하는 것 같아."

"그래서 맘이 아픈가요?"

"15분 후에 당신 회사 구내식당에서 봐."

드디어 그녀가 식당 안으로 들어왔다. 그때 나는 구내식당에 서서 팔꿈치로 머리를 고인 채 술병을 바라보고 있었다. 그녀는 곧바로 내게로 다가와 나와 같은 자세를 취하고는 입을 열었다.

"안녕하세요."

"당신 머리는 여전히 핑크빛이군."

"당신이 나를 더 기다리게 했으면 아마 백발이 됐을 거예요."

"기다렸나?"

"아뇨, 나는 벌써 결혼해서 아이가 여섯이나 된답니다."

"모두 날 좋아하면 좋을 텐데."

술병에는 손도 대지 않은 채 우리는 식당 밖으로 나왔다. 건물 주위를 따라 걷고 있는데, 갑자기 그녀가 내게서 떨어지며 말했다.

"내일 아침 8시, 입구에서 기다려요."

그러고는 건물 안으로 뛰어들어가 버렸다.

아침 8시의 런던 거리는 인적이 뜸했고, 회색빛으로 물들어있었다. 우리는 커피숍으로 들어가 베이컨에 토마토에 홍차에 토스트까지 주문했다. 비로소 우리 둘은 진지한 시간을 갖게 되었다.

"내가 당신을 기다린다고 생각해서 이렇게 돌아온 건가요?"

"응."

"이곳에 쭉 머물 건가요?"

"아니."

"… 베이컨과 토마토를 좋아하세요?"

"나도 실은 이곳에 머물고 싶어."

나는 일단 전쟁터로 돌아가지 않으면 안 되지만 다시 돌아오겠다고 말했다. 그리고 전쟁터에서는 무슨 일이 생길지 알 수 없을 뿐 아니라, 내 처지도 매우 불확실하기 때문에 내일 일이 어떻게 될지 나 자신도 잘 모른다고 솔직히 말했다.

"내가 아주 예쁘대요."

"누가?"

"사무실에 오는 사람들이…."

"왜 날 기다렸지?"

"당신을 처음 본 순간부터 그렇게 결심했어요."

"날 놀리는 건가?"

"자! 밥값이나 계산하시죠."

어느새 9시가 지나있었다. 나는 〈콜리어스〉 사무실로 가서 일단 출근 도장부터 찍고, 일주일간 휴가를 간다고 보고해야 했다. 핑키도 내 휴가에 맞추어 휴가를 내기로 했다. 우리는 함께 사보이 호텔로 향했다.

〈콜리어스〉 사무실은 사보이 호텔에 그대로 있었지만 쿠엔틴은 그곳에 없었다. 대신에 그의 후임자가 와 있었다. 그는 뉴욕 본사에서 내 앞으로 보낸 전보를 보관하고 있다고 말했다.

"귀하의 북아프리카 사진은 훌륭함. 육군성은 공동취재 규정을 준수하라고 주장함. 따라서 모든 신문사들이 사용가능함. 귀하의 사진은 우리가 단독으로 게재하기 전에 모든 신문사에 공동 사용됨. 유감스럽지만 귀하를 뉴욕으로 소환하게 됐음. 여비와 3주일분의 추가 급여를 지불할 것임. 〈콜리어스〉. 뉴욕."

나는 그 전보를 세 번이나 거듭 읽고 나서 핑키에게 보여주었다. 그리고 〈콜리어스〉의 남자 직원에게 언제 받은 전보냐고 물었다. 그는 아침에 받았다고 말했다. 그 내용을 아는 사람이 더 있냐고 물었더니 그는 아직 없다고 대답했다.

나는 재빠르게 머리를 굴렸다. 만약 일자리를 잃게 되면, 종군기자로서의 신분도 동시에 잃게 되고, 그렇게 되면 어쩔 수 없이 미국으로 돌아가야만 한다. 지금 현재의 서류로는 미국에서 다시 빠져나오려 해도 불가능하다. 따라서 내 목이 달아난 것을 육군에서 알아차리기 전에 서둘러 새 일자리를 찾아야만 했다.

이런 사정을 〈콜리어스〉 직원에게 자세히 설명했다. 그는 매우 딱하지만 자기로서는 어쩔 도리가 없다고 말했다. 그래서 시간을 벌어볼 요량으로 정오까지만 기다려 달라고 그에게 부탁했다. 그동안 다른 잡지사에 가서 일자리를 알아볼 생각이었다. 그는 내키지 않은 표정이었지만 안 된다고도 하지 않았다.

핑키가 말했다.

"어서 다녀와요. 난 여기서 당신을 기다리고 있을게요."

택시를 잡아타고 〈라이프〉 사무실로 달려갔다. 〈라이프〉와 나는 그다지 좋은 관계는 아니었다. 나는 〈라이프〉를 위해 일하던 6년 동안 두 번은 해고를 당했고, 한 번은 사표를 냈다. 그러나 런던 지국장인 크로키와는 오랫동안 알고 지낸 사이로, 관계도 아주 좋은 편이었다. 그녀는 나를 반갑게 맞아 주었다. 하지만 내 얘기를 다 듣고 나서는 의외로 냉담한 반응을 보였다.

그녀는 내가 당장 새로운 일자리를 얻기는 힘들 거라고 했다. 뉴욕 본사에서 내가 또 일자리를 잃었단 소식을 들으면 '그럼 그렇지, 이제는 실직을 밥 먹듯이 하는군'이라고 생각할 거라고 했다. 그러나 머지않아 지중해 연안에서 무언가 대단히 큰일이 벌어질 거라는 정보를 들었다면서, 군에서 나의 해고 사실을 알아차리기 전에 빨리 북아프리카로 돌아갈 수 있다면, 그리고 내가 다른 사진기자들을 제치고 큰 특종만 건질 수 있다면 어떻게든 일이 해결될지도 모른다고 덧붙였다.

그녀의 제안은 말이 쉽지 실제로는 어려운 얘기였다. 그러나 나는 한번 시도해볼 수밖에 없었다. 크로키는 뉴욕의 〈라이프〉로 전보를 쳤다.

"카파는 〈콜리어스〉에 매우 불만이 많음. 따라서 〈콜리어스〉와 결별하도록 설득할 수 있을 것 같음."

택시를 잡아타고 사보이 호텔로 돌아왔다. 〈콜리어스〉 사무실 안에 들어가 보니 핑키는 전화기 옆에 우두커니 앉아있었고, 한쪽 구석에는 쿠엔트의 후임자가 신경쇠약에 걸린 환자 같은 모습을 하고 앉아있었다.

나는 모든 일이 잘 해결된 것 같다고 말했다. 그리고 앞으로 48시간 동안만 내 해고사실을 육군에 통보하지 않는다면, 내 자식의 대부가 되어준 것만큼 고맙게 생각하겠다고 그에게 말했다. 그러자 그는 우리가 즉각 사무실에서 나가주기만 한다면 적어도 72시간 동안은 우리 이름을 생각해낸다든지 입 밖에 내는 일은 없을 거라고 대답했다.

사보이 호텔 바로 옆에 런던 최고의 레스토랑 불레스틴이 있었다. 핑키에게 그곳에서 점심을 먹자고 했다. 레스토랑에는 아직도 특급 프랑스산 샴페인을 팔고 있었다. 나는 그녀에게 나의 앞날을 위해서 건배를 하자고 했다.

"언제 떠나나요?"

"오늘밤에 가지 않으면 안 돼."

그녀의 두 눈이 샴페인 거품 같은 눈물로 가득 찼다. 나는 그녀에게 〈라이프〉와의 계획과, 공군 공보부에서 근무하는 친구 크리스 스코트가 내가 타고 갈 비행기 티켓을 예약해 줄지 모른다는 것을 얘기했다. 점심을 다 먹은 후 나는 곧장 공보부에 전화를 걸었다. 그러나 크리스는 이미 북아프리카로 전근을 가고 없었다.

핑키는 새끼손가락을 입에 넣고 두어 번 깨물었다.

"내게 좋은 생각이 있어요. 당신은 예정대로 진행하고 출국 수속을 마치세요. 그리고 5시 반에 메이페어 클럽에서 만나요."

여권 사무국의 보안담당관은 내가 일요일에 도착해서 바로 다음날 떠나고 싶어 한다는 사실에 강한 의구심을 나타냈다. 나는 군사 작전에 관한 것이어서 자세한 얘기는 곤란하다고 했다. 그 말이 먹혀들었는지 그는 더 이상 꼬치꼬치 캐묻지 않았다.

핑키는 6시가 다 돼서야 메이페어 클럽에 나타났다. 그녀는 마실 것을 주문하고는 말했다.

"당신은 지금 당장 떠날 수 있어요. 비행기 티켓을 예약해 놓았거든요."

6시 30분까지는 공항 터미널에 도착해야 했다. 나는 빠른 시일 내에 영국으로 다시 돌아오겠다고 약속했다.

"당연하죠. 그렇게 하는 게 좋을 걸요."

"내가 떠나고 나면 오늘밤 뭐할 거야?"

"이런 음흉한 헝가리 바보 같으니! 당신한테 좌석을 양보해준 장교와 저녁식사를 할 거예요. 오늘밤 나는 자유예요."

그녀는 내 입에 가볍게 키스를 하고는 사라졌다.

영국발 북아프리카행 밤 비행기 안에서 나는 핑키를 깊이 사랑하고 있다는 것을 확신했다. 이번에는 그녀의 이름과 주소를 알아내고, 그녀의 사진도 지니고 있었다.

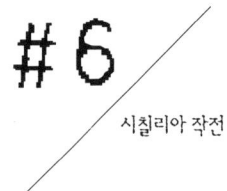
6
시칠리아 작전

백색의 도시 알제의 시가지는 하늘에서 내려다보면 더욱 하얗게 보였다. 반면에 푸른 항구는 각양각색의 배들이 몰려 있어 검게 보였다.

아이젠하워의 공보사령실 내 기자실은 텅 비어 있었다. 그곳에 늘 우글대던 기자들은 한 명도 보이지 않았고, 공보장교도 사라지고 없었다. 나는 근무 중인 하사관 두세 명을 붙잡고 대체 무슨 일이냐고 물었지만, 그들은 어물쩍거리며 제대로 답해주지 않았다. 그저 공보장교들이 아이젠하워의 야전사령부에 가 있다고만 할 뿐. 나는 야전사령부로 전화를 연결해달라고 부탁했다. 그러나 하사관들은 불가능하다고 대답했다. 사령부는 어제 이후로 외부와의 연락이 단절되었다는 것이다.

여러 가지 정황으로 미루어 볼 때, 어떤 지점에 대한 공략이 곧 진행될 것임에 분명했다. 공격이 내가 예상했던 것보다 훨씬 빠르게 진행되고 있던 것이다. 한발 늦게 온 바람에 나는 그 작전에서 소외됐다. 이번에 아무런 특종도 올리지 못하면 새로운 일자리를 얻지 못하게 될 게 뻔했다. 또 내가 〈콜리어스〉에서 잘렸다는 소식은 알제에도 곧 퍼질 것이다. 그렇게 야단법석을 떨면서 이곳까지 왔는데, 난 아무것도 얻지 못하게 된 것이다. 게다가 런던에서와는 달리 그곳에서는 배로 송환될 것이 뻔했다.

나는 절망에 휩싸였지만, 기적을 바라는 심정으로 공보부 주변을 서성거렸다. 그리고 기적은 남자 화장실에서 시작됐다. 한 종군사진기자가 기진맥진한 상태로 화장실에 늘어져 있었다. 시레이션 때문에 설사를 만나 거의 탈진한 상태였다.

그는 매우 특수한 임무를 위해 수개월에 걸쳐 특수 훈련을 받은 기자였다. 그 임무란 대규모 공략에 앞서 공수부대의 출격 때 함께 낙하하는 것이었다. 그는 바로 이번 작전에 종군할 예정이었지만, 몸이 너무 안 좋아 막판에 이곳으로 후송되었던 것이다.

그는 매사에 이성적인 사람이었다. 게다가 낙하산을 타고 공중에서 뛰어내리는 일은 그다지 좋아하지 않았다. 바로 지금이 설사병에 걸린 그와 나를 동시에 살릴 수 있는 절호의 기회였다. 나는 어떻게 하면 그의 대타가 될 수 있느냐고 물었다.

그가 공수부대본부에 타전하자마자 본부에서는 나를 실어갈 비행기를 한 대 보내왔다. 나는 그 비행기를 타고 튀니지의 사막 한가운데 위치한 카이루안 부근의 꽤 큰 임시비행장으로 날아갔다. 거기에는 수송기와 글라이더 수백 대가 이륙 준비를 마치고 줄을 서 있었다.

나는 안내를 받아 공보부 텐트로 갔다. 그곳에 런던에서 만난 친구 크리스 스콧 대위가 있었다. 그는 제9군수송대 사령부의 공보장교가 돼 있었다. 나는 그간에 있었던 일을 모두 그에게 털어놓았다.

"카파! 자네는 아직도 적국인 신분이란 말이지? 또 여전히 그 핑크빛 아가씨의 꽁무니를 쫓아다니고 있고?"

나는 그에게 핑키의 사진을 보여주었다. 그는 사진을 한참 들여다보고 나서 말했다.

"이번 작전에 자네가 죽으러 간다니 정말 안됐어. 나는 런던으로 날아가 이 슬픈 소식을 그 아가씨에게 전해 주어야겠지? 카파! 자네를 위한 일이니 내 기꺼이 그렇게 해줄게."

크리스는 나를 제82공수부대 사령관인 리지웨이 소장에게 데려갔다. 소장은 매우 친절한 사람이었다.

"자네가 기꺼이 낙하산을 타고 뛰어내려서 전투 중인 우리 부대의 사진을 찍어줄 생각이라면, 난 자네가 헝가리인이든 중국인이든 상관하지 않겠네. 전에 낙하산을 메고 뛰어내린 적이 있나?"

"없습니다, 소령님!"

"그래? 그러면 좀 무릴 텐데…, 하지만 더 얘기해봐야 소용없지."

텐트로 돌아온 후 크리스는 내게 비밀정보를 귀띔해주었다. 목적지는 시칠리아였다. 제82공수부대는 주력부대의 해상 상륙 6시간 전에 제9수송부대 수송기 편으로 공수되어, 새벽 1시에 낙하할 예정이었다. 그리고 상륙부대는 새벽을 기해 해안을 공격하기로 돼 있었다.

크리스가 한 가지 묘안을 생각해냈다. 그 묘안은 이랬다. 내가 선도기에 타고, 공수부대의 기내 탑승 장면과 낙하 장면을 하나도 빠짐없이 사진에 담는다. 이때 내가 제일 먼저 낙하하는 병사의 사진을 찍으면, 그것이 바로 시칠리아에 맨 처음 발을 디디는 미국인의 사진이 되는 셈이다. 촬영을 다 끝낸 후, 나는 낙하하지 않고 빈 수송기를 타고 카이루안으로 돌아온다. 그 수송기는 새벽 3시에는 기지로 귀환할 예정이다. 따라서 도착 후 곧바로 사진을 현상해서 미국으로 전송하면, 기사보다 더 빨리 입전되는 셈이다. 그리하여 내가 찍은 사진은 1면에 큰 제목을 단 특종으로 보도될 것이다.

어느 모로 보나 나는 그 계획이 마음에 들었다. 갑자기 크리스가 더 좋아지기 시작했다.

잠시 후, 우리는 공식 전투지시를 받기 위해 집합하라는 명령을 받았다. 작전참모는 조종사와 낙하산부대 장교들을 대상으로 이번 작전을 여러 각도에서 브리핑했다. 또 우리가 목표에 접근하면 독일군 전투기와 대공포로부터 엄청난 공격을 받게 될 것인데, 그때야말로 진짜 군인정신을 발휘할 때라고 말했다. 작전참모로부터 각자의 임무를 제대로 이해하고 있는지를 확인받은 후에 우리는 트럭을 타고 대기 중인 수송기로 갔다.

크리스는 내게 작별인사를 했다. 그리고 비행장에서 내가 무사히 돌아오기를 기다리겠다고 말했다. 나는 그에게 핑키의 사진은 건네주지 않았지만 그래도 만약의 경우를 생각해서 그녀의 런던 주소를 알려줬다.

드디어 내가 탄 수송기가 이륙했다. 수송기에는 낙하산병 18명이 탑승했다. 나는 뛰어내리지 않을 작정이었기 때문에, 병사들이 낙하할 때 방해가 되지 않도록 맨 앞자리에 앉았다. 수송기는 실내등을 모두 끈 채 비행했다. 일단 목적지 상공에 도달하면 내가 플래시를 터뜨려 사진을 찍더라도 별다른 거부반응이 없을 거란 생각이 들었다. 그곳에는 플래시 말고도 번쩍이며 폭발하는 것이 아주 많을 테니까. 아마 플래시 불빛쯤은 조족지혈에 불과할 것이다.

수송기가 지중해 위를 저공비행하는 동안 기체는 심하게 흔들렸다. 기내에는 어둠과 침묵만이 흐르고 있었다. 병사들 대부분은 잠을 자거나 눈을 감고 있었다.

얼마 안 가 이상한 소리가 들려왔다. 몇몇 병사들이 벌써 '군인정신'을 발휘할 요량인지 심하게 구토를 하기 시작했던 것이다. 그때까지 잠자코 있던 내 옆의 병사가 나를 돌아보며 물었다.

"당신은 민간인이라던데, 사실인가요?"

"그렇소."

병사는 입을 다물었다. 15분쯤 지났을까, 그가 다시 물었다.

"그렇다면 당신은 원치 않았으면 이곳에 오지 않아도 됐었단 말이군요?"

"그렇소."

나는 그 다음 말은 속으로 삼킨 채, 짧막하게 대답했다.

'그럴 사정이 있지.'

병사는 다시 말문을 닫았다. 그러나 이번 침묵은 조금 전보다는 짧았다.

"당신이 원했다면 이곳에 오는 대신, 오늘밤 미국으로 날아갈 수도 있었다는 거군요."

"그럴 수도 있었겠지."

이번에는 그가 단도직입적으로 물었다.

"이런 일을 해서 얼마를 받습니까?"

"한 달에 천 달러."

나는 거짓말을 했다.

그러나 그는 더 이상 내 직업에 대해 생각할 겨를이 없었다. '약속의 땅 *시칠리아를 일컬음*'이 불타는 가옥과 화염에 휩싸인 유류 집적장의 화려한 조명을

1943년 7월, 튀니지의 카이루안에서 시칠리아로 가는 수송기 안. 시칠리아 고공침투 작전의 미군 낙하산병들.

받으며 어둠을 뚫고 나타났기 때문이다. 우리보다 30분 앞서 그곳에 도착한 아군 폭격대가 자신들을 영접하는 독일군에게 강한 인상을 심어준 모양이었다.

하지만 불행히도 아군 폭격대는 충분히 강한 인상을 심어주지는 못한 것 같았다. 독일군은 밤하늘을 컬러 예광탄으로 뒤덮었고, 우리 수송기 조종사는 예광탄 틈 사이로 빠져나가느라 기체를 좌우로 흔들었다.

수송기 전면의 녹색등이 켜졌다. 강하 준비를 하라는 신호였다. 병사들은 모두 일어나 낙하산의 자동열림줄낙하산을 싼 주머니와 비행기를 잇는 줄로, 이것을 당기면 낙하산이 자동적으로 열림을 팽팽하게 당겼다. 나는 카메라를 준비했다. 곧이어 적색등에 불이 들어왔다. 강하 신호였다. 내 옆에 앉았던 병사는 제일 마지막 차례였다. 그가 나를 향해 소리쳤다.

"나는 당신이 하는 일이 마음에 안 들어요! 너무 위험하잖아요!"

그가 뛰어내렸다. 이제 비행기 안은 텅 비었다. 열린 문에서 흩날리는 열여덟 개의 자동열림줄과 함께 나는 홀로 남겨졌다. 지옥보다 더한 외로움이 솟구쳤다. 차라리 그들과 함께 저 아래 어둠 속으로 뛰어내렸으면 좋았을 거라는 생각이 들었다.

/

크리스는 비행장에서 내가 돌아오기를 기다리고 있었다. 그는 작은 텐트 속에 임시 암실을 만들어두었다. 캄캄한 텐트 안은 더위로 숨이 막힐 지경이었다. 현상액이 데워지는 것을 막기 위해 크리스는 식당 담당 하사관에게서 큰 얼음 두 덩이를 징발해왔다. 하사관은 다음날 아이스크림을 만들어야 한다며 그 얼음을 뺏기지 않으려 했었다고 한다.

우리 둘은 옷을 죄다 벗어 던지고 일을 시작했다. 솟아난 땀방울이 현상액 위로 뚝뚝 떨어졌다. 마지막 얼음이 녹아 없어질 무렵, 우리는 첫 인화지를 현상액에서 꺼냈다. 그리고 세차게 텐트를 열어젖히고는 사막의 시원한 새벽 공기를 들이마셨다.

크리스는 텐트 앞에 지프를 대기시켜 놓고 있었다. 우리는 땀에 젖은 몸에 셔츠와 바지를 대충 걸쳐 입고는 튀니스에 있는 전방통신캠프를 향해 전속력으로 차를 몰았다. 그곳은 시칠리아 전황을 다루기 위해 통신 시설을 새로 설치하고 검열관을 배치해 놓은 곳이었다.

크리스가 폭격을 맞아 분화구 같은 구멍이 뚫린 길에 온 신경을 집중시키고 동트기 직전의 어슴푸레한 새벽을 달리는 동안 나는 사진을 다시 꺼내 보았다. 초점이 약간 안 맞고, 노출도 약간 부족하고, 구도도 제대로 잡히지 않는 사진들뿐이었다. 그러나 지금으로서는 시칠리아 공습을 다룬 유일한 사진이고, 해상으로 수송된 사진기자들이 해안에서 전송할 사진보다 최소 며칠은 더 빠른 사진임에는 틀림없었다.

7시 반에 우리는 튀니스에 도착했다. 검열관은 내 사진에 별다른 이의를 제기하지 않고 검인을 찍은 다음 전송반에 넘겼다. 우리가 프레스 캠프의 식당에 들어서는 순간 스피커를 통해 아군이 시칠리아를 공략하고 있다는 공식 발표가 중개됐다. 기삿거리를 찾아 헤매던 중에 그 소식을 듣고 반색하는 기자들을 향해 나는 최대한 공손하게 말했다.

"나는 지금 막 그곳에서 돌아오는 길입니다."

현장의 유일한 정보원인 나는 즉시 모든 사람들의 관심의 대상이 됐다. 자세한 내용을 알고 싶어 하는 그들을 위해 나는 비행 당시 상황을 매분단위로 쪼개어 아주 상세히 들려줬다. 이륙부터 하강까지 병사들의 심정과 뱃속이 어떻게 변해갔는지도 함께.

내가 동료를 대상으로 회견을 하고 있는 동안 크리스는 식당 밖으로 나갔다. 잠시 후 내가 싱싱한 계란프라이 두 개를 먹으려고 할 때 그가 다시 들어왔다. 그는 문간에 서서 나에게 나오라는 몸짓을 보냈다. 프라이는 꽤 맛있었다. 크리스는 이제 노란 종이쪽지를 흔들고 있었다.

밖으로 나오자, 크리스는 "이게 바로 그거야"라고 말하며 그 종이쪽지를 내게 건넸다. 짧은 내용의 전문이었다.

"알제리군 공보부는 〈콜리어스〉로부터 로버트 카파는 이제부터 자사와 관계가 없다는 통보를 받았음. 카파는 이 전문을 보는 즉시 첫 수송기편으로 알제리로 귀환할 것을 명함."

뒤통수를 얻어맞은 것 같았다. 이미 많은 사진을 찍어 보냈지만 그 사진들은 내게 아무런 소용이 없게 됐다. 공동취재 규정은 나를 〈콜리어스〉에서 해고시킨 것으로도 모자라, 이제 내 사진을 대대적으로 게재하면서도 내 이름을 달아주지도, 단 한 푼의 사진 값을 지불하지도 않으려 하는 것이다.

"젠장! 가서 계란이나 마저 먹을래."

크리스가 나를 붙잡으며 말했다.

"아직도 낙하산을 타고 뛰어내릴 생각이 있어? 오늘밤 또 출격이 있거든. 증원부대를 투입하려고 하는데, 만약 자네가 함께 간다면 적어도 몇 주간은 자네를 못 찾을 텐데 말이야. 나는 이 전문을 받았다는 사실을 내일 아침까지 모른 척 할게."

　나는 계란프라이를 남겨 둔 채 크리스와 함께 새벽에 왔던 길을 되돌아갔다. 캠프에 도착해보니 증원부대는 야간출격 준비를 하느라 여념이 없었다.

/

크리스는 별로 힘들이지 않고 나를 증원부대에 슬쩍 끼워 넣었다. 요청하자마자 즉시 낙하산이 지급됐다. 출격시간은 자정이었다. 스물네 시간 동안 두 번씩이나 시칠리아로 날아가게 된 셈이다. 이번에는 나도 낙하산병과 똑같은 장비를 갖췄다. 그래서 이번만큼은 다른 군인들과 똑같은 군인정신으로 무장하고 싶었다.

　낙하산에 대해 내가 알고 있는 것이라곤 왼발을 문 밖으로 내민다는 것과, 일천 이천 삼천을 세야 한다는 것과, 만약 낙하산이 펴지지 않으면 비상 낙하산의 레버를 잡아당겨야 한다는 것 정도였다. 나는 더 이상은 생각조차 못할 만큼 지쳐있었다. 어쨌든 아무 생각도 하고 싶지 않아서 잠을 청했다.

　병사들이 나를 깨운 것은 녹색등에 불이 들어오기 직전이었다. 차례가 되었을 때 나는 왼발을 칠흑 같은 어둠 속으로 내밀면서 몸을 던졌다. 피로가 가시지 않아 몽롱한 상태였던 나는 일천, 이천, 삼천을 세는 대신 다른 말을 되풀이했다.

　"백수 사진기자 하강, 백수 사진기자 하강, 백수 사진기자 하강⋯."

　갑자기 내 어깨가 확 당겨졌다. 낙하산이 펴진 것이다. 나는 너무나 기뻔 나머지 혼잣말을 해댔다.

"백수 사진기자 공중 부양."

그러나 하강한 지 일 분도 채 안 돼 낙하산이 숲 한가운데에 있는 나무 위에 걸려버렸다. 나는 밤새 나무에 매달려 있어야 했고, 덕분에 내 두 어깨는 궁둥짝의 무게를 확실히 실감했다. 무수한 탄환들이 내 주위를 스쳐갔지만, 감히 살려달라고 고함을 지르지도 못했다. 헝가리 사투리 때문에 까딱하면 적군과 아군 모두로부터 사살될 수 있었기 때문이다.

아침이 되어서야 나는 세 명의 낙하산병에게 발견됐다. 그들은 낙하산 줄을 끊고 나를 나무에서 끌어내려줬다. 나는 그 나무에 작별인사를 했다. 쓸데없이 길긴 했지만, 어쨌든 그 나무와 나는 하룻밤 깊은 정을 나눈 사이였으니까.

/

네 명으로 구성된 우리 특수기동대는 적과 교전을 벌일 생각이 없었다. 그래서 충분히 의논해가며 이 나무에서 저 나무로 조심스럽고도 민첩하게 이동하기로 했다. 숲이 점점 성글어짐에 따라 의논 시간은 점점 더 길어졌다. 숲의 마지막 나무 뒤에 다다랐을 때 시칠리아의 작은 농가가 시야에 들어왔다. 그 농가는 우리에게서 약 2백 미터쯤 떨어진 벌판 한가운데에 있었다. 우리는 노련한 군인처럼 낮은 포복으로 그 집을 향해 전진했다.

병사 세 명이 그 집을 포위하고, 언제라도 기관단총을 쏠 태세를 갖췄다. 한편 기관단총을 가지고 있지 않고, 일행 중 유일하게 여러 나라 말을 구사할 줄 아는 나에게는 그 집 문을 노크하는 임무가 맡겨졌다.

늙은 시칠리아 농부가 긴 잠옷 바람으로 문을 열었다. 농부는 마치 하늘에서 뚝 떨어진 사람을 대하듯 나를 바라봤다. 그는 내가 입은 것과 같은 낙하복을 처음 본 모양이었다. 우리는 모두 성조기 견장을 달고 있었다. 그러나 노인은 그런 것보다는 가무잡잡하고 지중해풍으로 생긴 내 얼굴에 강한 인상을 받은 듯 갑자기 "시칠리아 사람!"이라고 외치며 나를 와락 끌어안았다. 나머지 병사들은 총구를 내리고 재빨리 농가 안으로 들어갔다.

나는 이탈리아어를 전혀 못했다. 그래서 짧은 스페인어로 나의 증조부가 시칠리아인이었다는 것만이라도 설명하려 애썼다. 그러나 노인은 알아듣기 힘든 말들만 내뱉을 뿐이었다. 한 병사가 노인이 계속 되풀이하는 말 중에 '브루크-아-린'이란 말을 알아듣고는 반갑게 말했다.

"제가 바로 브루클린 사람이에요."

우리는 훨씬 편한 마음으로 대화를 나누기 시작했다. 미국인은 시칠리아인을 좋아하고 시칠리아인은 미국인을 좋아한다는 것과, 미국인은 독일인을 좋아하지 않고, 시칠리아인은 독일인을 증오한다는 데 우리는 뜻을 같이했다. 서론이 끝나자 나는 곧 본론으로 들어갔다. 우리가 있는 위치가 어디쯤이며, 부근에 독일군은 없는지를 노인에게 물었다.

우리는 탁자 위에 실크 재질의 전투 지도를 폈다. 노인은 천의 질이 좋다고 칭찬을 하고 나서 엄지손가락을 내륙으로 조금 들어간 지점에 올려놓았다. 그곳은 우리가 낙하한 지점에서 40킬로미터 정도 떨어진 곳이었다. 노인은 독일군 몇 개 부대가 간밤에 그 길을 거쳐 해안으로 갔으며, 도중에 정지하지 않았을 테니 분명 그 부근에는 더 이상 독일군이 남아있지 않을 것이라고 말했다.

　노인은 우리에게 음식과 포도주를 내주었다. 우리는 숲으로 되돌아왔다. 거기서 사흘 동안 머물면서 낮에는 자고, 밤에는 기어 나와 작은 교량들을 폭파했다. 숲 속에서 지낸 지 나흘째 되던 날, 제1사단 선발대가 우리가 있는 곳까지 왔다. 그들은 우리의 무용담을 듣고서도 별다른 감동을 받지 않는 눈치였다. 하긴 사진기자인 나에게도 그 모든 것들이 전혀 쓸모없는 것이었다. 그동안 찍은 사진이래야 늙은 시칠리아 농부의 얼굴 사진이 전부였으니.

／

시칠리아 전투는 21일간 펼쳐지는 장거리 달리기의 양상으로 변해갔다. 그 선봉에는 이탈리아군이 있었다. 그들은 미군은 물론 독일군도 두려워했기 때문에 뿔뿔이 달아나버렸다. 독일군은 이탈리아군보다는 느렸지만 침착하게 후퇴했다. 바로 그 뒤를 따라 '백수 적국인'인 내가 달리고 있었고, 내 뒤에 바싹 붙어 미육군 공보부대가 진격하고 있었다. 최후방에는 패튼 장군의 전차부대가 모래먼지 속에서 굉음을 내며 우리를 전방으로 전방으로 무자비하게 내몰고 있었다.

　장거리 경주가 진행되는 내내 나는 기막힌 장면들을 사진에 담뿍 담았다. 그러나 그 사진들을 검열을 거쳐 송고하는 유일한 방법은 내가 피해 달아나고 있는 공보부대를 통하는 것이었다. 그 부대를 통하지 않은 방법이라고는 공동취재반을 통하는 것밖에 없었는데, 그것은 내게 전혀 도움이 안 되는 방법이었다. 내 가방 속에는 촬영이 끝난 필름이 하나 둘씩 쌓여갔지만 신문에 실릴 기회는 날이 갈수록 줄어들기만 했다.

3주도 안 돼 우리는 주요 목표지점에 이르렀다. 팔레르모 외곽에 당도한 것이다. 독일군은 이미 철수하고 없었고, 잔류한 이탈리아 부대는 굳이 싸우려 하지 않았다. 내가 탄 지프는 제2기갑사단의 제1전차부대를 따라 시내로 들어갔다. 시내로 통하는 길 양쪽에는 수만 명에 달하는 시칠리아인들이 늘어서서 열광적인 환호를 보내고 있었다. 마치 누구나 다 '브루크-아-린'에 사촌이나 피붙이를 두고 있는 것처럼. 그들은 흰 천조각으로 직접 만든 성조기를 흔들고 있었는데, 별의 개수는 적고 가로선은 너무 많이 그어진 그런 성조기였다.

열광적으로 환호하는 군중들은 한결같이 나를 시칠리아사람이라고 불렀다. 남자들은 모두 내 손을 잡았고, 나이든 여인들은 내게 키스를 했다. 젊은 여자들은 내가 탄 지프에 꽃과 과일을 가득 채웠다. 그러나 이런 상황은 내가 사진을 찍는 데 조금도 도움이 되지 않았다.

우리는 단 한 발의 총알도 쏘지 않고서 팔레르모 관문에 도착했다. 전차부대 지휘관인 한 중위가 무전으로 사령부를 연결해 시내 진입 명령을 내려달라고 했다. 도심에서 별다른 저항이 없다는 것을 안 사령부는 현 위치에서 진군을 멈추고 사령관이 도착할 때까지 대기하라는 명령을 내렸다. 우리는 본부에다 대고 욕지거리를 내뱉으면서도 기다릴 수밖에 없는 처지였다.

잠시 후 사령관 케이스 장군이 보좌관과 헌병의 호위를 받으며 도착했다. 헌병들은 즉각 현장을 접수하고 탱크, 보병, 종군기자가 더 이상 나아가지 못하게 했다.

1943년 7월, 시칠리아 팔레르모. 팔레르모에 입성하는 미군.

케이스 장군은 미군의 입성을 반기는 이탈리아 헌병을 몇 명 데려오라고 미군 헌병들에게 명령했다. 곧 이탈리아 헌병들이 끌려왔다. 케이스 장군은 이탈리아 헌병에게는 아무런 죄가 없다면서 그가 원하는 것은 바로 팔레르모 사령관인 이탈리아 장군이라고 말했다.

이탈리아 헌병들은 고개를 끄덕이며 "예스, 예스"라고 거듭 복창하면서도 전혀 움직이려 들지 않았다. 이에 격노한 케이스 장군은 통역을 찾았고, 내가 통역을 담당하게 됐다. 나는 무슨 수를 써서라도 이탈리아 헌병들에게 장군의 명령을 이해시켜야만 했다.

나는 "케이스 장군은 어떤 불필요한 유혈사태도 바라지 않는다. 다만 그가 원하는 것은 바로 이탈리아 장군이 이곳에 나와 사람들 앞에서 항복을 선언하는 것"이라고 한마디 한마디 또박또박 납득시켰다. 그들은 알았다는 듯 고개를 끄덕이면서 미군 헌병 두 명과 함께 지프를 타고는 도심을 향해 떠났다.

15분쯤 지나자 지프가 다시 나타났다. 이제는 환한 표정이 된 두 명의 이탈리아 헌병 사이에 너무나 비참한 표정을 한 이탈리아 장군이 뒷좌석에 앉아있었다. 케이스 장군은 식은땀을 흘리고 있는 이탈리아 장군에게 자기가 탄 지휘차에 올라타라는 손짓을 했다. 그러고는 미군 헌병들에게 아무도 들여보내지 말 것을 명령했다. 케이스 장군은 자기 차에 백기를 달아놓았는데, 마치 군대의 호위도 받지 않고 혈혈단신으로 팔레르모 점령에 나선 듯한 인상을 주었다.

나는 이쯤에서 나의 항복식도 거행되겠구나 생각하고 있었다. 그런데 지프가 막 출발하려는 순간 케이스 장군이 나를 향해 돌아보며 명령했다.

"통역관도 함께 간다."

우리는 사령관저 앞뜰에서 차를 세웠다. 케이스 장군은 팔레르모 시와 군관구의 즉각적이고 무조건적인 항복을 요구했다. 나는 그의 말을 내가 가장 잘 아는 말인 프랑스어로 통역했다. 그리고 이탈리아 장군이 내 통역을 잘 알아듣기를 마음속으로 빌었다.

이탈리아 장군은 자기로서는 그렇게 해주고 싶지만, 그것은 불가능하다고 완벽한 프랑스어로 대답했다. 이미 네 시간 전에 반대방향에서 들어온 미군 보병사단에게 항복을 했다는 것이다.

케이스 장군은 자신의 요구가 받아들여지지 않자 참을 수 없다는 듯 소리를 질렀다.

"이봐! 쓸데없는 잡소리는 집어 치워! 내가 원하는 건 지금 즉시, 무조건적으로, 항복하라는 거야!"

나는 나름대로 머리를 굴렸다.

"두 번째 항복은 처음보다 더 수월할 겁니다. 또 케이스 장군은 군단사령관이므로 틀림없이 포로수용소 내에서도 당신에게 당번병을 붙여주고, 개인 소유물도 반입할 수 있게 해줄 겁니다."

그 설명이 효과를 발휘했는지 이탈리아 장군은 프랑스어와 이탈리아어 및 시칠리아어로 항복을 선언했다. 그러고는 자기 아내도 함께 데려갈 수 있는지 물었다.

이제 통역관으로서의 내 임무는 끝이 나고, 나는 다시 사진기자의 임무로 되돌아왔다. 얼마 안 있어 항복식은 끝이 났고, 이탈리아 장군은 수용소로 끌려갔다. 그는 빈손이었고, 혼자였다.

팔레르모로 아군 부대들이 물밀듯이 밀려왔다. 선두에 선 기자용 지프에 어니 파일이 타고 있었다. 나를 보자 그가 손을 흔들며 소리쳤다.

"이봐, 백수 적국인, 지금 공보부대 대원 전원이 자네 뒤를 쫓고 있어!"

팔레르모에 남아서 승리의 축제에 빠져 있을 때가 아니었다. 나는 필름을 어니 파일에게 건네주며 〈라이프〉로 발송해달라고 부탁했다. 〈라이프〉가 지금쯤 나를 쓰기로 결정했든, 아니든 간에 내가 찍은 사진을 보면 안 쓰고는 못 배길 거라는 판단에서였다.

당장 팔레르모를 벗어나야 했다. 그것도 걸어서. 처음으로 점령한 도시가 선사할 온갖 즐거움을 뒤로 한 채 이렇게 해고당한 사진기자 신세로 떠나야 하는 내 처지가 처량했다. 나는 어디로 가야할지 알지 못했지만 제1사단이 시칠리아 섬 어딘가에서 교전하고 있다는 사실만은 알고 있었다. 그곳에 가면 동료도 몇 명 있을 거라는 생각에 미치자 나는 그들과 합류하기로 마음을 먹었다. 그들이 있는 정확한 위치도 모른 채 나는 길을 떠났다. 그리고 꼬박 사흘 만에 그들을 찾았다.

두 명의 사령관, 테리 앨런과 테디 루스벨트와는 오래전부터 잘 알고 지내던 사이였다. 하지만 그들이 있는 사단사령부조차도 그리 안전한 곳은 못 됐다. 지금쯤이면 아마 모두 내가 종군기자로서 행동할 자격이 없다는 것을 알고 있을 터였다. 나는 조심스레 사령부의 눈을 피해 북아프리카에서 함께 지냈던 제16보병연대에 슬쩍 끼어들었다.

그 연대는 언덕 꼭대기에 위치한 작은 마을 트로이나를 점령하기 위해 막 출동하려던 참이었다. 트로이나는 완강하게 버티고 있었다. 점령하는 데 꼬박 일주일이 걸렸으며 아군 전사자도 속출했다.

1943년 7월, 시칠리아 팔레르모.
팔레르모 사령관 주세페 몰리네르 장군(오른쪽)에게 정식 항복을 받아내는 케이스 장군.

1943년 8월, 시칠리아 트로이나.
미군은 일주일을 고전한 끝에 트로이나를 탈환했다.

1943년 8월. 시칠리아 트로이나.
폐허가 된 마을.

공격이 개시된 순간부터 점령 때까지의 전 과정을 지켜본 것은 이번이 처음이었다. 이번 전투에서 나는 썩 괜찮은 사진도 몇 장 찍을 수 있었다. 단순한 사진에 불과한 것이었지만 전투란 것이 얼마나 볼썽사납고 비참한 것인지를 여실히 보여준 사진이었다. 특종은 운도 운이지만 얼마나 신속하게 전송하느냐에 좌우되는 것이다. 또 대부분은 게재된 다음날이면 더 이상 아무런 의미도 갖지 않게 되는 것이다. 그러나 지금으로부터 10년의 세월이 지났을 즈음 병사들이 오하이오 주의 자기 집에서 이때의 트로이나 사진을 보게 된다면, 아마 이렇게 말할 것이다.

"그래, 그때는 그랬었지."

아름답던 작은 산간마을은 폐허로 변해 있었다. 독일군은 밤을 틈타 철수해버렸고, 그곳에는 전사자의 시체와 부상당한 이탈리아 민간인들만 남아 있었다. 우리는 완전히 녹초가 되어 전쟁에 진저리를 치며 교회 앞 작은 광장에 누워 있었다. 이렇게 싸우고, 죽고, 사진을 찍는 게 대체 무슨 의미가 있을까 하는 상념에 빠져있는데 테디 루스벨트가 차를 타고 나타났다. 그는 언제나 전투가 가장 치열했던 곳에 불쑥 나타나곤 했다. 그는 지휘봉으로 나를 가리키며 말했다.

"카파! 사단 사령부에 전보가 와있던데, 자네가 〈라이프〉에서 일하게 됐다더군."

얼마나 오래 그 소식이 오기만을 바라고 또 기다렸던가? 그러나 막상 기다리던 소식을 받고 보니 그렇게 즐겁지만은 않았다. 완전히 공인된 〈라이프〉 사진기자보다는 백수 적국인 신세로 트로이나를 뒤로 한 채 떠나는 편이 이 전쟁의 일부분이 되는 더 나은 길이라는 생각이 들었다.

/

버려졌던 탕아가 지프를 타고 팔레르모로 다시 돌아가고 있었다. 차 안에서 루스벨트 장군은 시를 읊었고, 스티븐스 중위는 카우보이 노래를 불렀다. 우리는 도중에 차를 세우고 식사를 했는데, 나는 아무것도 먹을 수 없었다. 갑자기 속이 메스꺼워졌기 때문이다. 동료들은 내 안색이 좋지 않다고들 했다. 아무래도 일자리를 얻으면서 말라리아까지 함께 얻은 듯했다.

병원 음식은 형편없었지만 간호사만큼은 예뻤다. 의사는 음식을 잘 먹지 못 하는 나의 식욕을 돋우기 위해 스카치위스키 처방을 내렸다. 간호사는 매일 몇 잔의 스카치위스키와 함께 여러 종의 미국 신문들도 갖다 주었다. 그런데 거기 내가 찍은 시칠리아 공략 사진이 실린 게 아닌가! 거의 모든 신문이 내 사진을 게재했지만, 내 이름은 기재하지 않았다. 오직 〈라이프〉만이 기명으로 내 사진을 싣고 있었는데, 그걸로 충분한 보상을 받은 셈이었다. 〈라이프〉는 내가 취재한 팔레르모 입성 기사를 장장 일곱 페이지에 걸친 주요 기사로 다루었다. 게다가 필자명을 굵은 활자체로 뽑았을 뿐 아니라 내 얼굴 사진도 조그만 박스로 처리해놓았다. 그것은 〈라이프〉가 드디어 나를 자기 회사 사진기자로 인정했음을 말해주는 것이었다.

나는 간호사에게 팔레르모에서 음식을 맛있게 하는 곳이 어딘지 물어보았다. 그녀는 엑셀시어 호텔 내에 꽤 근사한 비밀 레스토랑이 있다고 귀띔해주면서, 내 손목을 짚어보더니 아직도 열이 있다고 말했다. 그러나 어둠이 내린 후 우리는 지하실 창문을 통해 몰래 병원을 빠져나왔다.

근사한 스테이크를 먹고, 이탈리아 샴페인 스푸만티를 마시면서 그녀와 나는 즐거운 시간을 보냈다. 다시 병원으로 돌아왔을 때는 꽤 늦은 시각이었다. 그런데 아뿔싸! 창문이 잠겨있었다.

나는 '군인정신'이 아니라 '18세기 기사도정신'을 발휘해서 간호사를 먼저 숙소로 보낸 다음 병원 정문으로 당당히 걸어 들어갔다. 처음 오는 환자라고 속이고는 말라리아에 걸린 것 같다고 말하니, 병원에선 다시 입원을 허가했다. 그런데 운 나쁘게도 나는 같은 병동으로 보내졌고, 문진하러 온 의사도 앞서 나를 담당했던 바로 그 의사였다. 그렇게 해서 이번에는 병원으로부터 해고당하고 말았다.

1943년 가을
- 머나먼 로마

시칠리아 작전은 막을 내렸다. 나는 배를 타고 알제로 되돌아왔다. 공보사령부는 활기를 띠고 있었다. 브리핑룸은 유명한 기자들이 모여들어 발 디딜 틈이 없을 정도로 인산인해를 이루었다. 그곳은 보통 얼마 되지 않는 수의 기자들을 대상으로 공식 보도자료를 발표하던 곳인데, 시칠리아 정복이 신속하게 이루어진데다 유럽 본토 침공이 임박해짐에 따라 미국의 신문사 기자들이 대거 몰려온 것이었다.

브리핑룸은 큰 건이 언제 어디서 일어날 것인지에 대한 얘기로 소란스러웠다. 공군력이며 전략상의 약점이며 보급로 확장 등에 대해서도 왁자지껄하게 떠들고 있었지만, 말라리아 치료약인 황산 키니네의 약발에 취한 내 머릿속에는 하나도 들어오지 않았다. 난 그곳을 빠져 나왔다. 내게 필요한 것은 커다란 침대가 있는 나만의 방이었다. 욕조와 깨끗한 타월과 웨이터를 부를 수 있는 벨이 설치된 방.

알제에는 대형 호텔이 단 두 곳뿐이었다. 언덕 꼭대기에 위치한 생조르주 호텔은 아이젠하워 장군의 사령부로 사용되고 있었다. 한편 항구를 내려다볼 수 있는 곳에 위치한 알레티 호텔은 전방에서 오는 장성들과 외교관, 종군기자, 자유프랑스 2차대전 중 독일 점령군에게 저항한 단체 단원들, 아직까지는 무시할 수 없는 비시 정부 측의 프랑스인, 그리고 직업이 분명치 않는 상류층 여성 등의 숙소로 쓰이고 있었다.

알레티 호텔의 숙박계 하사관은 내게 방 열쇠는 주지 않고, 숙달된 솜씨로 연설을 하기 시작했다.

"1942년 11월, 알제에는 정식 종군기자가 불과 스물두 명이었는데, 위수사령관께서는 그들에게 호텔방 열 개를 할당했었습니다. 1943년 8월 현재는 기자 수가 백오십 명인데도 방은 여전히 열 개밖에 없습니다."

내가 막 따지자, 그는 어깨를 한번 으쓱하고는 퉁명스럽게 대답했다.

"방은 삼 층에 있습니다. 운이 좋다면 여유 공간이 있을 겁니다."

단독으로 침대를 사용할 가능성은 포기했지만, 욕조와 벨만은 쓸 수 있기를 기원했다. 이방 저방 돌아다니며 침대를 나눠 쓸 수 없겠냐고 물어보고, 마룻바닥이라도 좋으니 빈자리가 있나 살펴보았지만 모든 게 허사였다. 이미 모든 침대마다 주인이 있었고, 마룻바닥에도 간이침대나 침낭이 빽빽하게 깔려 있었다. 몇 개 되지 않는 발코니들도 이미 점령된 상태였다.

할 수 없이 로비의 한쪽 빈 구석에 침낭을 깔고, 낙담한 채 앉았다. 바로 그때 옛 상관이던 쿠엔틴 레이놀즈가 백 킬로그램의 거구를 이끌고 나타났다. 그는 내가 일자리를 얻은 것에 기뻐하며 방 걱정은 하지 말라고 했다. 영국에서 건너오는 길에 '영국문화협회'의 대표라는, 온화한 성품에 체구가 작은 사람과 친구가 되었는데, 그 사람이 침대 두 개에 발코니까지 딸린 방을 혼자 배정받아 쓰고 있다는 것이었다. 그 영국문화협회란 단체는 꽤 비중 있는 곳인 모양이었다. 쿠엔틴은 두 침대 중 하나를 쓰고 있었다. 그는 자신의 영국인 친구는 내가 자기 객실 방바닥을 나눠 쓰는 것을 조금도 거북하게 생각하지 않을 거라고 호언장담했다.

그날 밤 작은 체구의 그 영국인이 돌아왔다. 그는 바닥에 축 늘여져있는 나를 보고는 오히려 잠을 깨워서 미안하다며 편하게 지내라고 말했다. 나는 아주 편하다고 중얼대고는 곧바로 깊은 잠에 빠져 들었다.

다음날 아침, '바탄으로부터의 탈출'이란 기사로 유명해진 클라크 리가 갑자기 쳐들어와 우리의 단잠을 깨워놓았다. 그는 외신기자들 중 가장 미남자였는데, 그날은 치통 때문에 얼굴이 심하게 붓는 바람에 약간 미워보였다. 그는 한손으로는 퉁퉁 부은 자기 얼굴을, 다른 한손으로는 침대를 가리켰다. 작은 체구의 점잖은 영국 신사가 정중히 자신의 침대를 양보하자, 그는 신음소리를 내며 침대 속으로 기어들어갔다.

저녁 무렵에서야 영국 신사는 침대를 되찾았다. 이제야 우리 방도 제대로 질서가 잡히는구나 싶었는데, 느닷없이 방문이 열렸다. 기자들 중에서 가장 상냥하면서도 동시에 가장 심술궂은 성격의 잭 벨든이 들어온 것이다. 그는 아무런 양해도 구하지 않고 침낭을 펴더니 그대로 기어들어가 곯아떨어졌다. 방주인에게 뭔가 설명을 해야 한다고 생각한 나는, 방금 들어온 기자와 버마에서 스틸웰 장군의 퇴각 때 함께 종군했었다고 소개를 했다.

자정 무렵에는 어니 파일이 쳐들어왔다. 매우 소심한 성격이었던 그는, 덩치 큰 우리들과는 달리 자신은 체구가 작으므로 좀 끼어서 자도 크게 불편하지 않을 거라며 양해를 구했다.

그만하면 하룻밤 소동으로는 충분하다 싶었는데, 웬걸 우리는 또다시 잠자리에서 일어나야 했다. 이번에 쳐들어온 침입자는 독일군 전투기 10여

대였다. 그들은 저공비행을 하며 호텔에서 수백 미터 떨어진 곳에 폭탄을 투하하고 있었다. 우리는 각자 제자리를 지키면서 철모를 찾아 썼다. 단 한 사람, 철모가 없었던 영국 신사만은 침대 밑이 더 안전하다고 판단한 모양이었다. 클라크 리는 그 기회를 놓치지 않고 폭탄쯤은 상관없다는 듯 다시 영국 신사의 침대로 기어들어갔다.

다음날에도 우리는 공보부의 연락을 기다리며 시간을 보냈다. 방안에 둘러앉아 기다리는 것은 지루하기도 하고, 조금은 불안하기도 했다. 그래서 우리는 '대작전'에 대해 이런저런 얘기를 나누며 처진 분위기를 끌어올렸다. 오후에 존 스타인벡과 별명이 '빨갱이'인 H. R. 니커보커가 알제리 독주 세 병을 들고 우리를 찾아왔다. 그걸 마시면 클라크 리의 치통이 좀 나아질 거라고 그들은 말했다. 술맛은 정말 끔찍했다. 하지만 우리는 클라크 혼자 그 술을 마시는 꼴을 눈뜨고 볼 수 없었다. 그래서 그 끔찍한 술이 클라크를 나가떨어지게 만들기 전에 부지런히 덤벼들어 술병을 바닥내는 데 힘을 보탰다. 그사이 스타인벡과 니커보커는 슬그머니 발코니로 나가서 자기네 침낭을 폈다.

그날 이후로 아침마다 우리 방에는 새로운 식구가 늘어나 있었다. 발코니에서 내려다보이는 항구에도 군대 병력이며 대포며 비행기들을 실은 배가 하루가 다르게 점점 더 늘어났다. 큰 배들 사이의 빈 공간에까지 상륙용 주정 수십 척이 꽉 들어차 있었다. 대작전의 개시가 가까워진 것이다. 우리 방이 사람들로 발 디딜 틈도 없이 꽉 채워졌을 무렵 사령부에서 출두 명령이 떨어졌다. 우리는 철모와 침낭을 꾸리고 방주인에게 작별을 고했다. 텅 빈 방에 홀로 남겨지게 된 영국신사는 무척 외롭고 쓸쓸해 보였다.

/

공보부로 기자들이 모여들었다. 공보수석 조 필립스 중령은 기자들을 한 사람씩 자기 방으로 불러들였다. 우리는 작전에 대해서는 한마디도 듣지 못했다. 그저 이제부터는 '고립'될 것이란 말만 들었을 뿐. 그리고 각자 배속될 사단을 지명받았다. 내 차례가 되자 중령이 말했다.

"카파 당신은 태어날 때부터 낙하산병이었다고 난 확신해."

"아닙니다. 저는 태어날 때부터 헝가리 사람이었습니다."

나는 마치 항의하듯 대답했지만, 중령은 웃으며 말을 이었다.

"그래도 내 생각엔 변함이 없다네."

몇 시간 후 나는 카이루안 비행장으로 수송됐다. 비행기와 글라이더 들이 6주 전에 보았을 때와 똑같은 대형으로 줄지어 서 있었다. 유일한 차이점은 C47기의 기수에 작은 흰색 낙하산 문양들이 그려져 있다는 것이었다. 적지에 투입될 때마다 낙하산을 한 개씩 그려 넣기 때문이었다.

크리스가 나를 기다리고 있다가 반갑게 맞았다.

"축하해. 자네가 일자리를 얻었고 정식 자격을 갖추게 되었다는 얘길 들었지. 핑키는 여전히 잘 지내겠지?"

"별 문제 없어."

짤막한 대답에 그는 실망한 표정을 지으며 대꾸했다.

"자네도 다른 기자들처럼 따분하게 말하는군. 자네한테 좋은 소식이 있네. 〈시카고 트리뷴〉의 사이 코먼이 여기 와 있어. 그의 포커 솜씨로 말할 것 같으면, 자네보다 더 형편없어."

나는 평소와 같이 서투른 실력으로 포커를 쳤다. 그런데 자정 무렵에 판돈을 싹 쓸어버린 건 다른 누구도 아닌 바로 나였다. 크리스는 테이블에서 일어나며 내가 소발에 쥐 잡듯 재수가 좋았다고 투덜거렸다.

"아무래도 이건 핑키와 재미를 보라는 계시야."

크리스는 다음날 카이로로 날아가기로 돼 있었다. 나는 포커에서 딴 돈을 그에게 주면서 실크스타킹 다섯 켤레와 최고급 프랑스제 향수 한 병을 사달라고 부탁했다. 그는 내 돈을 받으면서 말했다.

"그래봤자 큰 도움은 안 될걸."

36시간 후 크리스는 내가 부탁한 선물을 사서 돌아왔다. 나는 거기다가 쪽지를 동봉해서 핑키에게 부쳤다. 쪽지에는 나의 약속이 담겨있었다. "이 스타킹이 다 떨어지기 전에 꼭 런던으로 돌아갈게."

튀니스의 타는 듯이 뜨거운 사막에서 시간은 더디게 흘러갔다. 디데이는 요원한 것만 같았다. 제82공수부대와 제9수송대 사령부는 삼엄한 경계로 거의 봉쇄되다시피 했고, 작전실 출입도 완전히 통제되고 있었다.

뜨거운 태양 아래에서 기다리는 것에 조금씩 지쳐간 우리는 오직 출격명령이 떨어지기만을 기다렸다. 드디어 그날이 왔다. 그런데 이번에는 비행기를 타고 가는 대신 가프사 항 근처에 대기 중이던 상륙용 주정^{LCI, Landing Crafts, Infantry, 모선에서 육지로 보병을 실어 나르는 소형선박을 말하며, 그 밖에 탱크를 실어 나르는 LCT 등이 있다}에 승선하라는 명령이 내려졌다.

이틀 동안 우리는 지중해를 지그재그로 항해한 다음, 갑자기 진로를 변경해 시칠리아 섬의 리카타 항으로 들어갔다. 리카타 비행장에는 제9공수부대의 비행기가 이미 카이루안에서 날아와 도착해 있었다. 다시 작전이 재개

된 것이다.

크리스도 그곳에 도착해 기자들이 사용할 공보실을 마련해두고 있었다. 고급장교들은 리카타의 한 고등학교를 접수했고, 공보부는 그곳 실험실에 자리를 잡았다. 유리 비커며 인체모형이며 박제된 새 등에 둘러싸여 〈INS통신〉 소속 딕 드레가스키스 기자가 검열 통과도 어려워 보이는 상륙작전 직전 상황 기사를 타이핑하고 있었다. 나는 코먼과 함께 칠판을 눕혀 놓고 2인용 포커를 쳤다.

공수사단은 출격태세를 갖추고 비행장 뒤편의 올리브나무 숲 속에서 야영을 했다. 존 허시미국의 저명한 소설가이자 저널리스트의 소설 《아다노의 종纏》으로 유명해진 리카타에는 그때까지도 '종'이란 것은 없었다. 그 대신 신맛 나는 포도주와 생선이 매우 풍부한 마을이었다. 탁 트인 야영지의 밤은 시원했고, 하늘에는 별과 모기 천지였다. 올리브나무 숲에는 새로운 소문들이 떠돌고 있었다.

다음날 아침, 제82공수부대의 테일러 준장이 누가 전대纏帶, 돈을 넣어 몸에 감는 긴 주머니를 빌려주지 않겠느냐고 병사들에게 물었다. 그걸 보고 있자니 마크 클라크 장군에 대한 일화가 생각났다. 그가 아프리카 침공준비로 극비리에 북아프리카의 어느 해안에 상륙했다가 그곳 헌병과 맞닥뜨려 육탄전을 벌이던 중 자신의 바지와 그 안에 넣어두었던, 뇌물로 받은 수백만 프랑의 돈을 함께 잃어버렸다는.

나는 지난번 포커판에서 얻은 내 전대를 테일러 준장에게 빌려주면서 말했다.

"바지만 잃어버리겠다는 심산이시군요."

장군은 전대를 건네받으며 짧게 대꾸했다.

"기자들은 너무 말이 많은 게 탈이야."

이틀 후, 야영지는 갑자기 분주해지기 시작했다. 우리는 지급된 장비를 점검하고 짐을 꾸리라는 명령을 받았다. 나는 사령관 리지웨이 장군의 부름을 받고 그의 막사로 찾아갔다.

"카파! 자네는 오늘밤 로마에서 저녁을 먹게 될 거야. 테일러 장군은 이미 그곳에 날아가 있고, 이탈리아와는 휴전협정이 체결되었네."

우리 공수부대는 그날 밤에 로마 비행장과 시가지를 접수할 계획이었다.

"그리고 바돌리오 장군도 비행장에서 독일군을 몰아내고 우리의 착륙을 안전하게 보장하기로 했네."

장군은 제5군이 다음날 아침 나폴리 남쪽의 살레르노에 상륙한다는 얘기도 덧붙였다.

나는, 장군의 말대로라면, 아마도 이번 전쟁에서 최대의 특종을 잡게 될지도 모른다는 생각이 들었다. 다른 사진기자들이 우중충한 해안과, 어쩌면 시골 군수 몇 사람의 사진을 찍고 있을 동안 나는 무솔리니의 사진을, 그것도 그의 집에서 찍을 수 있을지도 모른다. 게다가 동료들이 로마에 도착할 즈음이면 나는 이탈리아 최고의 호텔에 자리를 잡고 바텐더와 농담 따먹기를 하고 있을 것이다.

나는 짐을 꾸려둔 곳으로 돌아와 낙하산 강하용 복장을 벗어 던지고, 핑크색 바지와 개버딘 셔츠로 갈아입었다. 잠시 후 나는 리지웨이 장군이 탑승한 선도기에 타고 이륙을 기다렸다.

비행기 엔진 시동이 걸림과 동시에 전령이 허겁지겁 달려와 리지웨이 장군에게 무언가를 건네주었다. 로마의 테일러 장군이 보낸 전문이었다.

"독일군이 금일 오후 비행장을 점거했음. 이탈리아군이 그들을 저지하는 데 실패함. 따라서 모든 작전을 취소하기 바람."

그날 나는 이탈리아반도 전체를 통틀어 핑크색 바지를 입은 가장 슬픈 사나이가 되었다.

/

제5군이 살레르노에 상륙한 지 나흘째 되던 날, 공수부대에 배속된 기자 세 명을 실은 배가 불길한 운명의 이 항구에 도착했다.

아군이 상륙한 뒤로 흐른 72시간은 어떤 병사들에게는 생애에서 가장 긴 72시간이었고, 또 어떤 병사들에게는 생애의 마지막 72시간이었다. 검게 탄 채 반쯤 가라앉은 배들과, 유럽 본토에 처음으로 생긴 미군 묘지에 꽂힌 흰 십자가들과 그 위에 펄럭이는 성조기들이 살레르노 전투의 처참한 실상을 우리에게 말해주고 있었다.

우리는 '오리^{Duck, 2차대전에서 사용된 수륙양용트럭으로 암호 DUKW에서 유래된 이름임}'를 타고 해안에 상륙했다. 나는 실로 5년 만에 유럽 본토의 흙을 밟는 것이었다. 벌써 그곳에는 제5군에 의해 여러 가지 새로운 것들이 설치돼 있었다. 해안 지역을 적색, 녹색, 황색 등 3가지 색깔의 양륙장으로 구분한 대형 표지판이 서 있었고, 메인스트리트, 브로드웨이, 42번가 등으로 이름을 붙인 신설 도로가 놓여져 있었다. 교차로에는 깨끗한 흰색 장갑을 낀 헌병이 교통정리를 하고 있었고, 곳곳에 "철모를 착용하지 않은 군인은 벌금에 처함, 장교에 대한 경례 엄수, 지프는 특별히 발행된 여행허가증 소지자만 이용" 등 제5군의 '십계명'을 새긴 대형 간판이 설치돼 있었다.

야전 보도캠프는 내륙으로 1.5킬로미터 들어간 지점의 공장 건물에 설치돼 있었다. 우리는 신성한 그곳에 출입하기 위해 온갖 증명서를 제시해야만 했다. 신문기자란 기자는 모두 그곳에 모여 있었는데, 그들은 이미 두세 꼭지의 센세이셔널한 기사를 본사에 전송해놓은 상태였다.

우리는 전황지도를 찬찬히 살폈다. 전선은 내륙 방향으로 6~9킬로미터 들어간 지점에 형성돼 있었다. 가장 앞서간 전선이래야 아직도 나폴리에서 32킬로미터나 떨어진 곳에 위치해 있었다. 나폴리와는 가장 가깝고 사령부와는 가장 멀리 떨어진 그곳 교두보의 좌측에는 청색 사각형이 둘러쳐져 있고 유격대, 특공대, 공수부대라고 적혀있었다.

침공기사를 쓸 기회를 놓쳐버린 나는 나폴리에 제일 먼저 입성할 가능성이 있는 부대를 물색해 따라가기로 마음을 먹었다. 그리고 유격대가 가장 가능성 높은 부대라고 판단하고 사령부가 있는 마이오리를 향해 출발했다.

유격대가 우수한 보병연대보다 반드시 우월하다고 할 수는 없다. 하지만 유격대원들 대부분은 맹훈련과 보다 풍부한 실전경험을 통해 단련된 자들이었다. 그들은 얼간이처럼 지껄이고, 살인자처럼 싸웠다. 한 번은 영웅인 양 부르짖는 모습을 직접 목격한 적도 있었다. 지휘관인 다비 중령으로 말할 것 같으면, 부하들보다 더 거칠게 말했고 더 거칠게 싸운 사람이었다.

그날 저녁 나는 마이오리에 당도했다. 너무 지친 나머지 침대를 찾아서 쉬어야겠다는 생각밖에 들지 않았다. 침공작전 초기에 음식과 침대를 구하기에 가장 좋은 곳은 십중팔구 병원이었다. 나는 작은 교회 안에 설치된 병원을 찾아냈다. 끝없이 드나드는 구급차의 행렬을 따라가, 그다지 헤매지 않고 병원을 찾을 수 있었다.

교회 입구에 선 구급차들은 피투성이가 된 채 들것에 실린 환자들을 꾸역꾸역 토해내고 있었다. 어두운 병원 내부에서는 부상자의 신음소리가 기묘하게 울려 퍼지면서 기도소리처럼 들렸고, 에테르냄새가 향내와 뒤섞여 묘한 기분을 자아냈다. 교회는 부상자들로 만원이었고, 그들 대부분은 차디찬 마룻바닥에 누워있었다.

야전 침대는 그 수가 얼마 되지 않았기 때문에 중상자에게 먼저 배정되었다. 그들의 머리맡에는 성구실聖具室. 교회 내의 일실 또는 교회에 붙여진 건물로, 의복과 성구들을 보관하는 곳의 등불처럼 혈액병이 걸려있었는데, 꺼져가는 생명을 붙잡으려는 듯 한 방울씩 피를 나눠주고 있었다.

제단 앞에 한 군인이 무릎을 꿇고 앉아있었다. 그는 부상자와 죽어가는 병사들로 구성된 성도들로부터 등을 돌린 채 제단 계단에 고개를 묻고 있었다. 종군신부로 보이는 그는 외상은 없어보였지만 포탄이 가까운 거리에서 터진 탓에 모든 신경과 감각이 손상된 상태였다. 신부는 뜻 모를 소리를 계속해서 입 밖으로 내뱉고 있었다. 아, 그 뜻을 알아들을 이는 오직 하나님밖에 없으리라!

이탈리아 수녀들이 부상자들을 간호하고, 최초의 독일군 포로가 걸레로 마룻바닥을 훔치고 있었다. 나는 잠시 주저하다 이내 사진기를 꺼내 들었다. 플래시가 터지면서 교회에 서린 죽음의 주술을 무자비하게 깨뜨렸다. 나는 사진기자였고, 이곳은 평범한 병원은 아니었으니 곧 뉴스거리였다.

군의관실은 교회에 딸린 고아원에 자리를 잡고 있었다. 당직 군의관이

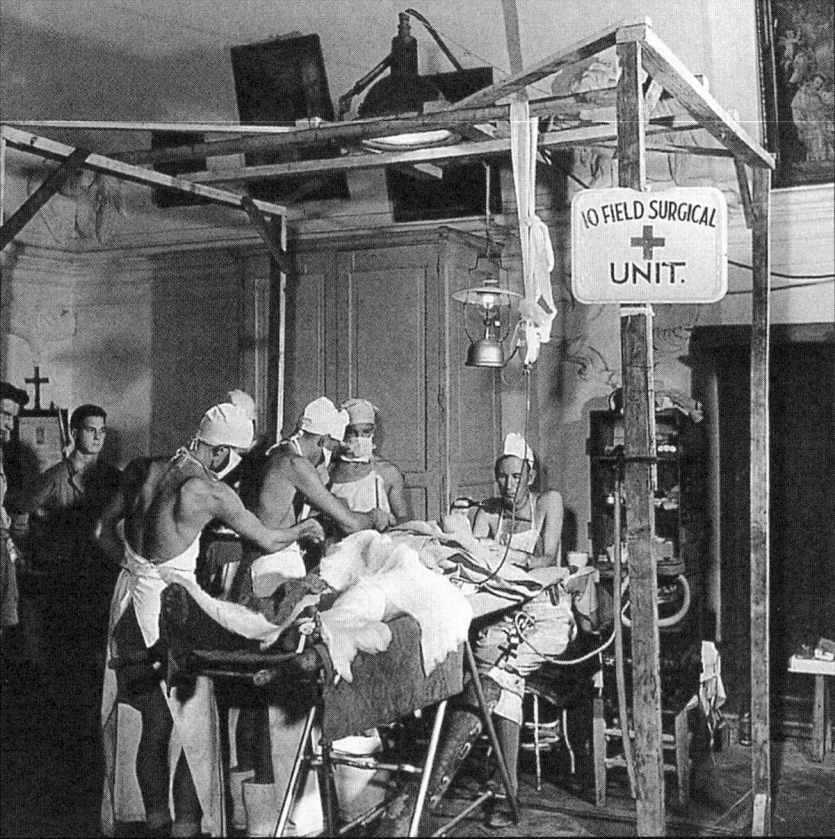

내게 자기 침대를 내줬다. 그날 밤 그에게는 잠잘 여유가 없었기 때문이다.

다음날 아침, 군의관과 나는 식사를 함께 했다. 한창 밥을 먹고 있는데, 수녀원장의 인솔을 따라 고아들이 열을 지어 교회 뜰 안으로 들어왔다. 고아들은 행진을 하면서 노래를 불렀는데, 바로 '소년 파시스트의 노래'였다. 커피를 앞에 놓고 잠깐 졸음에 빠졌던 군의관이 눈을 번쩍 뜨고는 큰 소리로 통역관을 불렀다.

"수녀원장에게 가서 저 따위 짓은 이제 그만두라고 해. 지금 나더러 미국 식량을 먹여가며 미래의 파시스트를 기르란 말이야? 즉시 대열을 풀고 보통 아이들처럼 노는 법을 가르치라고 해. 그렇지 않으면 고아들 점심은 없다고 분명히 말해."

한동안 설전을 벌인 끝에 수녀원장은 교회를 빠져나갔다. 잠시 후 아이들은 마치 들판의 인디언처럼 신나게 뛰어놀기 시작했다. 하나의 새로운 민주주의가 탄생하는 순간이었다.

잠시 동안 군의관은 긴장을 풀고 미소를 지었다. 그러더니 이내 긴장한 표정을 하고 벌떡 일어나서는 수술실로 달려갔다.

/

나는 유격대 사령부를 방문했다. 그곳에서 다비 중령과 그의 참모 몇 명이 아침을 먹고 있었다. 모두 여러 날 동안 면도도 못하고, 잠도 못잔 상태였다. 중령은 동시에 세 개의 전화를 받느라 씩씩거리고 있었다. 중령이 내게 물었다.

"사진기자 양반, 내가 뭘 도와줘야 하지?"

"저는 서둘러 전투가 벌어지는 곳으로 가야 합니다."

"그건 별로 어려운 일이 아니지."

중령은 군인도 충분치 않고, 물자도 부족하지만 전투 현장이라면 얼마든지 갖고 있다면서 내게도 좀 나눠줄 수 있다고 말했다. 그의 전선은 교두보의 좌측이었고, 그가 지휘하는 군대는 유격대 외에 공수부대 1개 연대, 제36보병사단의 1개 대대, 소수의 영국군 기습부대, 영국 경전차대로 구성된 특공대 등이었다. 뿐만 아니라 그는 포 몇 문과 박격포 2개 중대, 정박 중인 영국군 순양함 1척도 지휘하고 있었다.

"총알을 맞아보는 게 소원이라면, 치운지 고개가 딱 적당한 곳이지. 조금만 기다리게. 내 운전병을 시켜서 자네를 요새까지 태워다 주지."

좁고 구불구불한 산간도로 양 옆으로 포도밭이 펼쳐져 있었다. 밭에는 잘 익은 포도송이가 싱그럽게 매달려 있었다. 나는 운전병에게 잠깐 차를 세워달라고 부탁했다. 그러나 운전병은 속도를 줄이기는커녕 액셀러레이터를 더 세게 밟았다. 그는 새로 생겨난 포탄 구멍과 길 옆 도랑에 납작 엎드리고 있는 군인들을 가리키며 말했다.

"난 안 멈출 겁니다. 이렇게 피로 범벅된 도로에서는 더더욱…."

그때 포탄 한 발이 쉬익 소리를 내며 날아와 우리 바로 뒤 100여 미터 지점에서 터졌다. 운전병 말이 전적으로 옳았다는 걸 확실하게 느낀 순간이었다. 포도 욕심내다가 하마터면 황천길로 갈 뻔하지 않았나!

슈스터 요새는 고갯마루 산간도로의 깊숙이 들어간 커브지점에 지어진 이탈리아 선술집이었다. 그 술집은 지은 지 수백 년도 더 돼 보였지만, 두툼한 자연석으로 지어져 매우 튼튼해 보였다. 도로는 술집 건너편에서 나폴리 평원 쪽을 향해 아래로 미끄러지듯 이어지고 있었다. 내가 실제로 용기를 내서 그곳의 경치를 내려다보기 위해 술집 밖으로 나선 것은 그곳에 도착한 날로부터 여러 날이 지나서였다.

슈스터 요새는 응급처지 거점으로 사용되고 있었다. 슈스터란 이름은 그곳을 담당하는 군의관의 이름에서 딴 것이었다. 술집 한가운데에는 큼직한 응급수술대가 놓여 있었다. 내가 안으로 들어서자 위생병들은 부상당한 병사들을 마이오리의 교회로 후송할 준비를 하고 있었다.

나는 스페인 내전 이후 줄곧 피가 낭자한 전쟁사진을 찍어왔다. 그러나 7년을 그렇게 살아왔음에도 살점이 찢겨나가고 피가 솟구치는 현장을 보면 심한 구역질을 느꼈다. 그래서 나는 수술대에서 멀찍이 떨어진 구석에 놓인 두 개의 대형 포도주통 옆에 짐을 내려놓고 자리를 잡았다.

독일군은 쉬지 않고 고갯마루와 산등성이를 향해 포격을 퍼붓고 있었다. 사방에서 포탄이 터졌지만 요새는 주위 지면보다 낮은 도로의 커브에 가려져 있었기 때문에 포탄이 날아와 명중하기 힘든 곳이었다. 그러나 산등성이의 개인호에 있는 병사들은 집중적인 포격을 받았다. 한밤중이 되자 요새는 부상당한 병사들로 다시 만원이 되었다. 문 근처에는 전사자가, 한복판에는 부상자가, 한쪽 구석에는 술통과 함께 사진기자가 자리를 차지하고 있었다.

1943년 9월,
치운지 고개,
나폴리로 가는
주도로가 내려다보이는
미군의 전략적
전진기지인
슈스터 요새 외곽의
개인호들.

그날 밤 제36사단의 보병대대 사령관인 워커 중령이 참모를 이끌고 나타났다.

"군의관, 미안하지만 우리가 좀 들어가 있어야겠소. 독일군이 두 문의 박격포로 포격을 퍼붓고 있는데, 그들의 표적이 바로 우리 전투사령부가 있는 곳이오."

그들은 부상자들 한가운데에다 전화를 설치했다. 실내는 몹시 비좁아졌다. 나는 침구를 두 개의 거대한 술통 사이로 깊이 밀어 넣었다.

얼마 안 있어 박격포탄 한 발이 고갯마루 초입에 떨어져 그 파편 일부가 창문에 덧댄 매트리스를 찢고 날아 들어왔다. 150갤런의 포도주라는 추가 엄폐물 덕분에 나는 비교적 안전했다.

포격은 밤새도록 계속됐다. 독일군은 산등성이에 위치한 아군 진지를 정확히 포격했고, 포격이 있을 때마다 각 중대는 전사자 보고를 다시 올려야 했다. 워커 중령은 유격대 사령부에 상황보고를 올렸다.

"우리 정찰대는 적의 새 박격포 진지를 찾아내는 데 실패했습니다. 전력을 상실하고 있는 우리 대대가 이런 상태로 얼마나 더 버틸 수 있을지 의문입니다."

보고를 받은 유격대장 다비 중령은 어떠한 희생을 치르더라도 요새만은 사수해야 한다고 명령했다. 그리고 아침까지는 증원군을 보내겠다고 약속했다. 새벽이 되자 증원군이 도착했다. 말이 증원군이지, 75밀리 포 한 문이 탑재된 반쯤 찌그러진 장갑차 한 대와 거기에 탑승한 유격대원 네 명이 고작이었다. 장갑차의 방탄판에는 오랑, 카세린 고개, 609고지, 겔라 해안 등 유명한 격전지 네 곳의 이름이 적혀 있었다. 지휘관은 오브라이언 대위였다. 그는 군복에 은별 훈장 하나를 달고, 윗입술 바로 위에 멋진 콧수염을 기르고 있었다. 아마도 스물한 살이란 실제 나이보다 더 나이 들어 보이고 싶었던 모양이다.

우리는 낙담하지 않을 수 없었다. 독일군 박격포 2개 중대를 소구경포 1문으로 상대하라니 어처구니가 없었기 때문이다. 오브라이언은 잠시 동안 우리가 풀죽은 모습을 재미있다는 듯 지켜보다가 곧 우리를 안심시켰다.

"훨씬 더 강력한 화기가 무더기로 이곳으로 오고 있습니다."

오브라이언 대위의 임무는 두더지 같은 독일군 박격포 진지를 찾아내는 것이었다. 그는 우리에게 간단하게 계획을 설명했다.

"내가 장갑차를 몰고 널따란 공터 쪽으로 한 70미터쯤 들어갈 겁니다. 그러면 독일군은 나를 향해 포탄을 퍼붓겠죠. 어쩔 수 없이 적의 박격포 진지는 노출되고 말 겁니다."

너무나 대담한 계획이었다. 적의 화력이 그에게 집중될 것은 뻔한 이치였다. 그러나 달리 뾰족한 방법이 없는 워커 중령으로서는 실행하라는 명령을 내릴 수밖에 없었다.

나는 제일 긴 망원렌즈가 달린 사진기를 골랐다. 요새 문에 서서 오브라이언 대위가 하는 행동의 전 과정을 고스란히 사진에 담기 위해서였다. 장갑차가 시동을 걸고 얼마 지나지 않아 곧 포탄 소리가 들리기 시작했다. 소리만 듣고서는 적이 쏘는 것인지, 아군이 응수한 것인지 분간하기가 힘들었다. 어쩔 수 없이 나는 포탄 사이를 누비며 요새로 되돌아와야 했다. 물론 그 엄청난 장관을 서른여섯 장의 필름에 고스란히 담고서.

약 12분 후 실탄을 다 써버린 장갑차가 고갯길을 넘어 되돌아왔다. 오브라이언 대위와 탑승자들은 모두 무사했다. 다만 장갑차에는 새로운 총알자국이 추가됐다. 대위는 적의 포격이 고개 바로 밑 숲 속에 있는 작은 마을에서 나온 것이 틀림없다고 보고했다. 그 지역을 수색하기 위해 정찰대가 파견됐다. 독일군의 계속되는 포격에 요새의 흙벽이 계속 떨어져 내리는 상황이었지만, 우리에게는 기다리는 것 외에는 아무런 방법이 없었다.

해 질 무렵, 젊은 미군 중위가 중박격포 4문을 갖고 요새에 도착했다. 손에 무전기를 든 영국군 중위 한 명과 병사 두 명도 같이 왔다. 영국군 중위는 만에 정박한 순양함에서 파견 나온 사람이었다.

박격포는 요새의 뒤뜰에다 설치했다. 순양함은 우리가 무전으로 연락하면 어떤 목표든 포탄을 퍼부을 만반의 준비를 갖추고 대기 중이었다.

잠시 후 정찰대가 돌아와, 독일군 박격포는 마을 안에 설치돼 있다고 보고했다. 독일군은 그들의 포를 여러 농가에 감쪽같이 숨겨두고, 지붕에 낸 큰 구멍을 통해 쏘아대고 있었다.

우리는 날이 밝는 대로 연합군 합동 화력의 본때를 보여줄 계획을 세우기 시작했다. 우선 화학부대가 네 문의 박격포로 발연포탄을 발사한다. 그러고 나면 영국군 순양함은 여덟 개의 포문을 열고 대영제국이 기부한 포탄을 아낌없이 퍼붓는다. 마지막으로, 장갑차가 다시 출동해 마을을 빠져 나가는 독일군 병사들을 사살한다는 계획이었다.

나도 사진기자로서의 계획을 짰다. 밤중에 아무에게도 들키지 않고 요새를 빠져나가 마을이 훤히 내려다보이면서 동시에 은폐가 잘 된 장소를 찾아서 눈에 보이는 모든 것을 카메라로 쏜다는 것이었다.

나는 동이 틀 때까지 밤새도록 산허리에 꼭 달라붙어 있었다. 슈스터 요

새로 돌아가고 싶은 마음이 굴뚝같았지만, 잘 견디면 봉급 인상을 받을 수 있는 절호의 기회란 생각이 승리했다.

서서히 떠오르는 태양의 첫 햇살을 받아 내가 활동할 무대가 훤히 드러나기 시작했다. 마을은 내가 있는 곳에서 불과 700여 미터 아래쪽에 베수비오 화산을 배경으로 자리 잡고 있었다. 화산은 아름다운 흰색 연기기둥을 내뿜고 있었다. 문득 베수비오 화산이 부럽다는 생각이 들었다. 적에게 들킬까 봐 담배연기를 내뿜을 수 없는 내 딱한 처지와 너무도 대조됐기 때문이다.

평원은 수요일 오후의 묘지보다 더 적막했다. 포도밭 사이에 자리 잡은 농가들이 훤히 내려다보였다. 농가의 창문 하나하나까지 또렷이 시야에 들어왔다. 문득 저쪽에서도 나를 뚜렷이 볼 수 있겠다는 생각이 들었다. 나는 덤불 속으로 몸을 더 낮추었다. 갑자기 등에 한기가 느껴지면서 아름다운 마을 풍경마저 정나미가 떨어지기 시작했다. 그 순간 떠오른 것은 슈스터 요새의 우중충한 벽뿐이었다. 요새 안의 따뜻한 방 안에서 바라보는 오래된 벽, 오직 그것만이 그리웠다. 그러나 지금, 적과 아군 사이의 차디찬 흙 위에 껌처럼 달라붙어있는 나에게 선택의 길은 단 두 가지뿐이었다. 배를 깔고 엎드리든가 아니면 등짝을 깔고 나자빠져있든가.

최초의 발연포탄이 마을 한복판에 정확하게 떨어졌다. 박격포와 순양함과 장갑차가 흰 연기가 피어오르는 지점에다가 수백 발의 포탄을 퍼붓기 시작했다. 나는 지면으로부터 겨우 10센티미터 정도 고개를 들 수 있었다. 연방 카메라의 셔터를 눌러댔지만, 같은 장면의 사진만 찍힐 뿐이었다. 내가 취할 수 있는 방법이란 오직 하나, 셔터를 누를 때마다 색상이 다른 필터로 바꿔 끼우는 것밖에 없었다. 마을에서 피어오른 연기가 하늘로 솟았다. 마을 뒤 베수비오 화산도 연기를 내뿜고 있었다. 마치 둘이 한 형제인 양.

내 머리 바로 위로 포탄이 날아다녔다. 박격포탄은 휘파람 소리를 내고, 순양함은 쇳소리를 내고, 장갑차는 뻑뻑거리는 고음을 내며 서로 불협화음을 만들고 있었다. 이에 화답이라도 하듯 독일군 박격포도 휘익 하는 소리를 내며 내게서 불과 100미터도 안 되는 언덕 위에 떨어졌다. 나는 덤불 속으로 더 낮게 머리를 파묻었다. 태양이 내 등을 비추어 따뜻한 온기가 전해왔다. 불현듯 '아! 공중을 날며 노래하는 것이 새뿐이라면 얼마나 좋을까'라는 생각이 들었다.

해 질 무렵이 되자 세상은 다시 침묵에 빠져들었다. 불에 탄 마을 가옥에서는 검은색 실연기가 하늘로 피어올랐고, 베수비오 화산은 아무 일 없었다는 듯 무심하게 흰 연기를 내뿜고 있었다.

나는 어둠을 틈타 슈스터 요새로 기어 돌아왔다. 그곳에는 이미 리지웨이 장군과 다비 중령이 자리를 잡고 있었다. 제82공수부대는 마이오리에 투입돼 있었고, 나폴리에 대한 최후 공격은 다음날 아침으로 잡혀 있었다.

침낭과 소지품을 챙긴 나는 슈스터 요새에 이별을 고했다. 그리고 자정 무렵 영국 기갑여단의 뒤를 쫓아 치운지 고개를 넘었다. 동틀 무렵에 평원에 당도했다. 독일군은 간밤에 퇴각하고 없었다. 내가 그토록 무서워했던 포도밭 마을은 집집마다 우리의 입성을 축하하는 이탈리아 사람들로 넘쳐났다. 마을 사람들은 과일과 포도주를 내오면서 얼마나 오랫동안 우리가 도착하기를 기다렸는지를 말하고 또 말했다.

/

아군은 전진을 계속하는 동안 아무런 저항도 받지 않았다. 전진을 중단한 때라고는 전방이 안전한지를 살펴보거나, 포도주를 마시거나, 거리의 여인들에게 키스할 때뿐이었다.

폼페이에 이르렀을 때 미군 병사 한 명이 고대 유적지 벽에 그려진 벽화에 대해 열변을 토하기 시작했다. 그래서 우리는 차에서 내려 이탈리아 노인 두 사람에게 1인당 2리라를 주고 유적지를 보러갔다. 고대 로마인의 연애술을 표현한 아름다운 벽화는 그곳의 침입자인 우리가 보기에도 쉽게 이해하고 파악할 수 있는 그림이었다. 우리는 노인들에게 팁을 주고는 나폴리를 향해 길을 떠났다.

나폴리의 새로 생긴 폐허에는 전혀 다른 양상의 벽화가 그려져 있었다. 벽에는 큰 글씨로 "파시스트를 때려잡자! 미국 만세!" 같은 글귀가 적혀있었다. 여자들은 매우 지저분했다. 4주 전에 나폴리의 상수도가 단수됐기 때문이다.

승리한 장면을 촬영하는 것은 신랑 신부가 10분 전에 예식을 마치고 떠나버린 예배당 사진을 찍는 것과 별반 다르지 않았다. 나폴리 입성 축하연은 순식간에 끝났다. 색종이들은 광장 쓰레기더미 속에서 여전히 반짝이고 있었고, 먹을 것을 찾아 재빨리 흩어진 굶주린 하객들은 벌써부터 신혼부부가 앞으로 얼마나 많은 싸움을 벌일 것인가에 대해 쑥덕거리고 있었다.

사진기를 목에 걸고, 나는 인적이 드문 거리를 걸었다. 이제 사진 찍을 일이 없어졌다는 핑곗거리가 생긴 것이 슬프기도 하고 한편으로는 다행이라는 생각도 들었다. 나는 내가 묵고 있는 파르코 호텔로 돌아가기로 했다. 그곳에 가면 한결 마음이 맑아지고, 갈증도 해소할 수 있으리라.

호텔로 이어지는 좁다란 길은 어느 초등학교 앞에 서있는 사람들의 행렬로 가로막혀 있었다. 모자 외엔 아무것도 들고 있지 않은 걸로 봐서 식량을 배급받기 위해 대기하고 있는 사람들은 아닌 것 같았다. 나는 그들의 행렬을 따라 학교 안으로 들어갔다. 그곳에서 내가 만난 것은 코를 찌르듯 강한 향내를 내뿜는 꽃무더기와 죽은 자들의 시체였다.

교실 안에는 대충 급하게 짜 맞춘 관 스무 개가 놓여 있었다. 관 속에는 아이들이 잠들어있었다. 듬성듬성 꽃을 놓아 둔 관 밖으로 아이들의 지저분한 작은 발이 비죽이 삐져나와 있었다. 독일군에 맞서 싸울 정도의, 아동용 관에 안치하기에는 조금 많은 나이의 소년들이었다.

그 나폴리 아이들은 총과 탄환을 훔쳐서 우리가 치운지 고개에 갇혀 헤매고 있던 14일 동안 독일군에 맞서 용감하게 싸우다 숨을 거뒀다. 바로 그 아이들의 더러운 발이 내가 유럽에 온 것을, 내가 태어난 유럽으로 다시 돌아온 것을 진정으로 환영해준 장본인이었다. 그동안 나폴리에 진입하는 길에서 보았던, 미친 듯이 환호하던 무리의 환영 인사보다 그 아이들의 상처투성이인 발이 더 진실한 것이었다. 환호하던 무리의 대부분은 전쟁 초기에 "무솔리니 만세!"를 드높여 외쳤던 이들이 아니었던가?

나는 모자를 벗고 카메라를 꺼내 들었다. 쓰러져 오열하는 어머니에게 렌즈를 맞추고, 영원히 잠든 아이들의 사진을 몇 장 찍었다. 마침내 관은 운구돼 나갔다. 아마 초라한 초등학교 장례식장에서 찍은 그 사진들이야말로 내가 찍은 사진들 중에서 가장 진정한 승리를 담은 사진이었을 것이다.

1943년 10월, 나폴리.
독일군은 북쪽으로 퇴각하면서
나폴리의 상수도 공급시설을 폭파했다.
때문에 나폴리 시민들은 연합군의 물탱크 트럭에서
물을 공급받아야 했다.

1943년 10월 7일, 나폴리.
폐허가 된 나폴리 시내의 풍경.

1943년 10월 2일, 나폴리,
독일군에 맞서 싸우다 죽은
나폴리 소년들의 장례식.

1943년 10월 2일, 나폴리.
아들을 잃은 어머니와 가족들이
오열하고 있다.

/

얼마 지나지 않아서 나는 또 다른 승리의 사진을 찍게 됐다. 호텔로 돌아오니 클라크 장군의 공보장교가 중요한 행사에 나를 데려가기 위해 기다리고 있었다. 나는 그와 함께 행사가 열릴 로열 가든스로 갔다.

그곳은 제5군의 임시사령부가 설치된 곳이었다. 클라크 장군의 트레일러가 대형 참나무 아래에 주차돼 있었고, 신참내기 대령 여러 명이 의자를 정돈하느라 분주하게 뛰어다니고 있었다. 그중 한 명이 장군의 사진은 측면에서 찍는 게 좋다고 내게 충고했다. 측면에서 찍어야 장군이 쓴 모자에 달린 별이 잘 보인다는 것이었다. 잠시 후 빛나는 별 세 개를 단 장군이 도착했다. 반짝이는 장식물을 자주색 신부복에 매단 나폴리 교구 주교도 함께 등장했다.

나는 아까 어느 대령이 말한 대로 장군의 왼쪽 옆에서 사진을 찍었다. 장군은 고상하고 행복한 승리자의 모습이었다. 주교로 말할 것 같으면, 그는 바로 이 순간을 위해 3년 동안 독일군 장군들과 예행연습을 해온 사람처럼 능수능란하게 행동했다. 두 사람은 서로 환한 웃음을 주고받았다. 그러고는 아무리 행동이 느려터진 사진기자라도 충분히 사진을 찍고도 남을 만큼 아주 오래 악수를 나누었다.

나는 전사한 아이들의 사진과 행사장에서 찍은 장군의 사진을 담은 필름을 함께 동봉해 〈라이프〉로 보냈다.

／

승리라는 것에도 싫증이 났다. 굶주림에 찌들린 나폴리의 지저분한 거리는 내 온 신경을 건드렸다. 서른 번째 생일이 가까워오자 나는 그날만큼은 편안하게 자축해야겠다고 마음먹었다. 불과 8킬로미터도 안 되는 곳에 카프리 섬이 있었는데, 전쟁이 완벽하게 비껴간 그 섬은 얼마 전 미공군의 휴양지로 지정된 상태였다. 마침 크리스가 나폴리에 와 있었다. 그는 이탈리아에 처음 생긴 이 군 휴양지가 숙련된 공보장교의 방문을 크게 환대할 거라 여겼다.

카프리 섬은 우리가 마치 앵글로색슨 관광객을 대거 몰고 올 선발대라도 되는 듯 환영을 베풀었다. 그러나 거기서 우리는 휴식을 취하지 못했다. 낮이면 호텔 직원 모두가 우리를 상대로 반쯤 잊어버린 그들의 영어 교습에 열을 올렸고, 밤이면 기타란 기타는 모두 우리 방 창 아래에서 세레나데를 연주했다.

특히 어떤 노래 한 곡을 계속 되풀이해 연주했는데, 이상하게도 귀에 익은 곡이었다. 나는 그 노래가 'Happy days are here again(다시 여기에 행복한 나날이)'이라고 우기면서 크리스와 5달러 내기를 했다. 자정 무렵에 우리는 노래 제목을 확인하기 위해 아래로 내려갔다. 직원들은 노래 제목이 'Happy birthday to you(생일 축하합니다)'라고 했다. 크리스는 내게서 받은 5달러를 그 음악가들에게 주고는 모두 내쫓아 버렸다. 그렇게 나는 서른을 맞았다.

/

다음날 아침, 새로 조직된 반파쇼 관광안내원 조합장이 우리를 배에 태우고 섬 일주관광을 시켜주었다. 덕분에 우리는 그 유명한 청록색 석굴을 볼 수 있었다. 뿐만 아니라 그는 우리에게 상세한 파시스트 동조자 명단을 건네주며, 돌아가는 즉시 그들을 체포할 수 있게 해달라고 촉구했다. 그날 오후 '동조자협회' 회장이 꽤 오래된 브랜디 한 상자를 우리에게 선물로 보내왔다. 우리는 선물만 받고는 그를 대적방첩반에 신고해 버렸다.

카프리 섬의 정치에서 손을 떼기로 결심한 크리스와 나는 이탈리아 사람들이 자신들도 공동참전국 국민이라고 생각하여 물건값을 더 올려 받기 전에 쇼핑을 좀 해두기로 했다. 크리스는, 곧 전쟁은 끝날 테고 시카고에 두고 온 여자친구들이 아직도 자기를 잊지 않았으면 좋겠다고 말하면서, 기념품을 사는 데 몇백 리라의 돈을 투자했다. 나도 핑키에게 잘 어울릴 만한 선물을 찾기 시작했다.

우리는 아름다운 검은머리 처녀가 카운터에서 일하고 있는 작은 여성복 가게를 발견했다. 그녀는 영어를 전혀 하지 못했다. 그러나 그 점만 제외하면 모든 정성을 다해 우리의 쇼핑을 도와줬다. 나는 손짓 발짓을 다 해가며 핑키와 그녀의 체격이 거의 비슷하다는 것을 설명했다.

그녀에게 핑키의 머리색을 설명하는 것은 꽤 힘든 일이었다. 그러나 내가 옅은 빛깔의 산호 조각과 주근깨가 난 이탈리아 아이들을 가리키자 그 문제는 단박에 해결됐다. 그녀는 이가 드러날 정도로 활짝 웃더니 실크스타킹이며 피렌체 특유의 레이스가 달린 내의며 선명한 색상의 스커트 등 여성들이 쓸 만한, 그러나 나로서는 한번도 생각하지 못했던 물건들을 꺼내어 산더미처럼 쌓아놓았다.

크리스는 한쪽 구석에 서서 딴청을 피우는 척하면서 나에게는 동정어린 시선을, 그녀에게는 다른 의미의 시선을 보냈다. 결국 그 가게의 물건도 내 지갑도 모두 바닥을 드러냈다. 물건을 포장하고 있는 그녀에게 나는 저녁을 같이 먹자고 했다. 그러자 그녀는 핑크색 산호 조각을 집어 들어 내 손에 쥐어주고는, 그녀 자신을 가리키며 머리를 옆으로 흔들어 보였다.

이탈리아 말은 전혀 모르지만 그 외의 일에는 뭐든지 박식한 체하는 크리스가 끼어들었다. 그는 내 손에서 산호를 뺏어들고는, 산호를 향해 "나, 노, 노, 노"를, 그녀에게는 "나, 예스, 예스, 예스"라고 말했다. 그러나 그녀는 영어를 전혀 몰랐기 때문에 크리스에게 무슨 뜻이냐고 따져 묻지 않았다.

/

나폴리는 재미없었다. 로마였다면 훨씬 더 좋았을 것이다.

윈스턴 처칠이 나폴리와 로마 사이의 지점을 가리켜 '유럽의 연한 아랫배_(취약지대라는 의미)'라고 부른 곳은 험준한 산악지형인데다가 요소마다 독일군 기관총이 쫙 깔려있는 곳이었다. 그래서 그 지역의 산과 산 사이의 계곡들에는 곧 병원과 묘지가 줄지어 들어서게 되었다.

비가 내리기 시작했다. 진흙 수렁은 점점 더 깊어졌다. 주둔지 마을을 걸어 다니기에 알맞도록 설계된 아군의 군화는 갈증이 난 듯 물을 빨아들였다. 때문에 아군은 일 보 전진할 때마다 뒤로 이 보 미끄러져 후퇴하는 꼴을 연출했다. 얇은 군복 상의는 비바람을 막기에는 역부족이었다. 세계 최고의 장비를 자랑하던 우리 부대는 험준한 산에 갇혀 오도 가도 못하는 신세가 되고 말았다. 마치 한 장소에 처박혀 앞으로는 한 발짝도 내딛지 못하는 그런 양상이 전개되고 있었다. 이렇듯 값비싼 대가를 치르며 겨우 500여 미터씩 전진할 때마다 로마는 더욱더 아득히 멀어져 가는 느낌이 들었다.

기자들은 그 전투에 대한 기사를 쓸 수 있는 허가를 받지 못했다. 하지만 설령 허가가 났다고 해도 쓰고자 하는 의욕이 생기지 않았을 것이다. 많은 양의 글보다는 한 장의 사진으로 표현하는 게 훨씬 더 효과적인, 그런 상황이었다. 그런 가운데서도 빌 몰딘 기자는 격전에서 살아남은 두 사람의 생존자인 미군 보병 윌리와 조에 대한 기사를 쓰고야 말았다. 이제는 내 카메라를 사용할 때였다. 나는 기다시피 하며 이 산에서 저 산으로, 이 참호에서 저 참호로 옮겨 다니며 진흙 수렁과 죽음과 처참함을 사진에 담았다.

12월, 나는 판타노 산의 가파른 경사면을 기어오르고 있었다. 제34보병사단은 근 보름 동안 정상 탈환을 시도한 끝에, 내가 오르기 바로 전날 마침내 정상에 올라섰다. 산비탈에는 아직 묻지도 못한 시체가 여기 저기 뒹굴고 있었다.

5미터마다 개인호가 있었고, 그 안에는 적어도 한 구 이상의 시체가 들어있었다. 비에 흥건히 젖은 포켓북의 찢어진 표지, 빈 시레이션 깡통, 고향에서 보낸 빛바랜 편지 조각들이 죽은 병사의 곁을 지키고 있었다.

용감하게 개인호에서 뛰쳐나왔을 병사들의 시체가 길을 가로막고 있었다. 이제는 말라붙어 갈색을 띠는 그들의 피는, 그들 주변에 떨어진 늦가을 낙엽 색깔과 조화를 이루고 있었다.

1943년 12월, 카시노 북동쪽에 위치한 판타노 산 부근. 베르베르인 사병과 프랑스인 장교들로 구성된 제2모로코보병사단 소속의 병사.

더 높이 올라갈수록 시체와 시체의 간격은 점점 더 좁아졌다. 나는 더 이상 그들을 바라볼 수가 없었다. 정상을 향해 비틀거리며 올라가면서 나는 바보처럼 혼잣말을 되뇌었다.

"캘리포니아의 태양 아래서 흰 구두를 신고 흰 바지를 입고 걸어가고 싶어."

종군기자의 전쟁 노이로제가 생기기 시작한 것이었다.

11월부터 크리스마스까지 제5군이 전진한 거리는 16킬로미터도 채 안 됐다. 25센티미터나 빠지는 수렁 때문이었다. 내가 입고 있던 내의는 그동안 한 번도 벗지 못했던 전투복 속에서 빳빳하게 굳은 상태였다. 나의 사진도 전쟁만큼이나 비통하고 공허했다. 도무지 잡지사로 전송하고 싶은 마음이 생기지 않았다.

크리스마스 이틀 전에 나는, 나와 제5군과의 관계는 이미 끝났다는 결론을 내렸다. 전쟁은 이탈리아에서 끝나지 않으리란 것을 나는 잘 알고 있었다. 아이젠하워의 사령부가 런던으로 돌아갈 예정이며, 처칠 장군은 제2전선의 개시를 더 이상 늦출 수 없는 입장이라는 소문이 공공연히 나돌고 있었다.

나는 나폴리로 돌아가기로 결정했다. 내의를 갈아입고, 전쟁을 쫓아 런던으로 가기로 마음먹은 것이다. 나는 산에서 내려와 제45사단 사령부에 출두해 그곳에 작별을 고하고 지프로 나폴리까지 태워달라고 요청했다.

/

사단 사령부는 참호를 여러 개 이어서 판 뒤 그 위에 텐트를 덮어 만든 곳이었다. 내가 찾아간 날 G-2 텐트는 전에 없이 분주했다. 참모가 지켜보는 가운데 하사관 두 사람이 작은 작전지도 위에다 청색과 빨간색으로 사각형을 그리고 있었다. 나는 그런 것에는 별로 관심이 없었다. 다만 나폴리까지 실어줄 지프가 필요할 뿐이었다.

대령 한 명이 나를 지도가 있는 쪽으로 데려가서 앞으로 어떤 공격으로 카시노를 장악해 로마로 가는 길을 뚫을 것인가를 열심히 설명했다. 나는 매우 흥미로운 작전이라고만 말하고, 지프를 내어달라고 요구했다.

대령은 시큰둥한 내 반응에 상처를 받은 듯 내가 그곳을 떠나면 나중에 분명 후회하게 될 거라고 말했다. 나는 이렇게 떠나게 되어 유감스러울 뿐 아니라 슬프기까지 하다고 말했다. 그리고 지금 나는 이루 말할 수 없이 더럽고, 또 극도로 피곤한 상태라는 말도 했다.

대령은 내 속사정을 알아차렸는지 대위 한 사람을 불렀다. 대위는 나를 쳐다보고 또 냄새를 맡아보더니 자신의 작은 텐트로 데리고 갔다. 텐트 안에는 귀중한 개인 소유물들로 가득 채워진 잡낭이 하나 있었다. 그는 거기서 내의 한 벌과 깨끗한 군복과 구두 한 켤레, 그리고 스카치위스키 한 병을 꺼냈다. 당번병은 철모 세 개에다 더운 물을 가득 담아왔다. 대위와 당번병은 나를 씻기고, 면도시키고, 옷을 갈아 입혔다. 그런 다음 위스키 한 병으로 나의 마지막 불평까지도 깨끗하게 씻어내 버렸다. 제45사단은 그들의 사진을 〈라이프〉에 게재하고 싶어 안달이 난 것이 분명했다.

그날 밤, 나는 제180보병연대의 선발대 본부에 배속되었다. 새벽 4시에 우리는 작전을 개시했다.

야간 기습공격의 시작은 그다지 볼 만한 것은 아니었다. 병사들은 한 명

씩 개인 화기를 챙겨들고는 최대한 느린 속도로 진군했다. 어둠 속에서는 아무것도 보이지 않았다. 다만 자기 앞의 동료가 내는 발자국 소리만 들릴 뿐이었다. 한발 한발 걸음을 내딛을 때마다 군화는 점점 더 무거워졌고, 공포감은 위장을 작은 공 크기로 오그라들게 했다. 얼굴에서 흘러내린 땀이 이른 새벽의 이슬과 뒤섞였다. 그때부터 편안한 집이 사무치게 그리워지기 마련이다.

날이 밝을 때는 아무리 불편한 곳이라 해도 안전하기만 하다면 큰 바위 같은 것 뒤에 숨어 앉아 담배 한 개비를 피고 싶은, 참을 수 없는 충동을 느끼곤 했다. 그러나 우리는 겁쟁이가 아니었기 때문에 그런 바위도 그냥 지나쳐 버렸다. 나중에 분명히 후회하게 될 것을 뻔히 알면서도 말이다.

아침 태양의 첫 햇살이 비칠 때가 공식적인 공격 개시 시각이었다. 아군 포병은 즉각 목표물에 포격을 가해 적의 저항을 약화시키기 시작했다. 적을 향해 날아가는 포탄을 지켜보는 것은 큰 위안거리였다. 그 포탄은 독일군에게 어느 정도는 피해를 줬을지 모른다. 그러나 동시에, 불행하게도, 독일군을 잠에서 깨우는 위험도 자초하는 것이었다. 언덕에 자리 잡은 독일군 중위가 쌍안경을 들어 확인을 하고는 곧 야전 전화를 집어 들고 대응을 지시했을 것이다. 이번에는 독일군 포대가 아군 한가운데로 포탄을 떨어뜨렸다. 아군 G-2의 판단에 의하면 아군 전투구역에는 독일군 포병부대가 없었어야 했음에도!

병사들은 모두 진흙탕에 처박힌 채 고향에 대한 단꿈에서 깨어나야 했다. '만약에 우리가 여기에 없었다면, 그리고 독일군이 저 위에 없었다면'이라는 따위의 생각도 집어치워야 했다. 정상까지는 아직 2천여 미터나 남아있었고, 그곳에서 버티는 것은 전진하는 것만큼이나 위험한 상황이었다. 때문에 우리는 포탄이 터질 때마다 흙탕물을 뒤집어쓰고, 다시 포복으로 전진하다가 흙탕물을 뒤집어쓰는 상황을 반복했다. 그 와중에 누군가가 위생병이라도 부르면, 모두 '이제 다음 총알은 내 차례가 되겠구나' 하고 생각하곤 했다.

가까스로 아군은 최후의 고지에 도달했다. 불과 500여 미터 앞에 우리의 목표인 언덕 꼭대기가 있었다. 아군 포대는, 독일군은 살아남을 권리조차 박탈되었다는 듯 철저하게 포격을 가했다. 우리는 일어나서 최후의 돌격을 감행했다. 그런데 이게 웬일인가? 마땅히 죽어있어야 할 독일군들이 갑자기 살아나, 우리를 향해 기총사격과 박격포를 퍼붓는 것이 아닌가!

이번에 우리는 정말로 엄청난 진흙탕 물을 뒤집어썼다. 그리고 한동안은 일어날 생각조차 하지 못했다. 우리 소대장은 포격과 증원군을 긴급 요청했다. 그러는 사이에도 독일군 박격포는 우리가 있는 경사면에다 1평방미터씩 정확하고 체계적으로 포격을 가했다.

나는 배를 깔고 엎드렸다. 머리는 큰 돌 뒤에 숨기고, 양 옆구리는 내 양쪽 옆에 엎드린 군인 두 명의 보호를 받으면서. 매번 포탄이 작렬하고 나면 나는 머리를 들고 내 앞에 납작하게 엎드린 병사와 옅게 흩날리는 포연을 사진에 담았다. 얼마 안 가 내가 숨은 참호 위로 포탄 대열이 다가왔다. 더 이상 머리를 들 수 없었다. 10여 미터 앞쪽에서 포탄이 터졌고, 곧 무언가가 내 등을 때렸다. 나는 온몸을 휘감는 공포 때문에 고개를 돌려 살펴볼 생각도 하지 못했다. 다음 포탄은 더 가까운 곳에 떨어질지도 몰랐다. 나는 떨리는 손을 등 뒤로 갖다 댔다. 다행히 피는 나지 않았다. 포탄이 터지면서 날아온 커다란 돌조각이 내 등을 때린 것 같았다.

내 오른편에 있던 중사는 포탄 파편에 맞아 명예부상장*Purple Heart*에 해당될 만큼 큰 부상을 입었다. 오른 팔이 찢어진 것이다. 내 왼편에 있던 병사는 미동조차 하지 않았다. 그는 크리스마스 선물꾸러미를 영영 풀어볼 수 없게 됐다. 이제 포탄은 우리 뒤쪽에 떨어지고 있었다. 나는 담배 두 개비에 불을 붙였다. 중사는 그중 한 개비를 깊이 들이마시며 내게 구급낭을 건네주었다. 나는 그의 팔에 압박붕대를 감아주었다. 그가 상처를 바라보며 말했다.

"새해가 되면 다시 전선에 돌아올 겁니다."

늦은 오후 무렵에야 포격은 중단됐다. 중사와 나는 일어나서 뛰었다. 나는 그다지 낯설지 않는 전장의 모습을 열 컷 정도 사진에 담았다. 등이 욱신거리고 무릎이 부들부들 떨렸다. 독일군은 아직 언덕꼭대기에 버티고 있었다. 아마도 많은 시간이 흐른 뒤에야 다시 공격부대를 쫓아 사진을 찍고 싶은 마음이 생기리라.

/

나폴리는 거의 변하지 않았다. 아군이 입성한 지 석 달이 지났지만 도시에는 여전히 흰 철모를 쓴 말끔한 차림의 헌병들로 넘쳐났고, 도처에 '출입금지' 표지판이 세워져 있었다. 수돗물은 공급이 재개돼 있었다.

나폴리 사람들은 미군에게서 빼낸 물건들을 사고파느라 분주했다. 한편 그들은 미군들에게 손목시계에서 그들의 딸자식에 이르기까지 모든 것을 팔았다. 활동적인 부유층 여성들은 머리에 DDT가루를 뒤집어 쓴 채 비아 로마를 활보하고 다녔다. 베수비오 화산은 백 년 만에 최고의 장관을 연출하며 나폴리 전역으로 화산재와 연기를 뿜어냈다.

이제 〈타임〉과 〈라이프〉의 지국장이 된 빌 랭은 더운물이 나오는 욕실을 갖춘 언덕 위의 아파트를 빌리는 데에도 성공을 거둔, 기적의 사나이였다. 그의 아파트로 돌아온 나는 하루 종일 욕조에 몸을 담근 채 첫날을 보냈다. 다음날에는 '이것이 격전의 현장이다'라는 제목을 달아서 네거티브 필름을 모두 본사로 보냈다. 그리고 사장에게는 나를 런던으로 보내달라고 요청했다. 프랑스 공략작전을 취재하고 싶었기 때문이다.

그로부터 2주일 후 〈라이프〉에서 전보가 왔다. 내가 보낸 '이것이 격전의 현장이다' 기사가 대단한 물건이어서 일곱 페이지에 걸친 머리기사로 게재될 예정이라는 내용이었다. 그리고 또 하나, 런던에 가도 좋다는 승낙도 포함돼 있었다.

나는 군에 이동허가를 요청하고 짐을 꾸렸다. 한쪽 구석에서 빌 랭도 자기 짐을 꾸리고 있었다. 내가 핑키에게 주려고 산, 레이스가 달린 잠옷을 집어 들고 있을 때, 빌 랭은 기다란 겨울 내의와 새 군화를 가방에 집어넣고 있었다. 내가 핑키에게 전보를 쳐서 런던에서 제일 좋은 아파트를 구해놓으라고 했다고 말했을 때, 그는 암말 않고, 개인호를 더 쉽게 팔 수 있도록 개량한 신형 야전삽을 내게 들어보였다.

나는 잠시 행동을 멈추었다. 핑키에게 줄 잠옷을 내려놓고 그에게 무슨 일이 있냐고 물었다. 그는 나를 창가로 데리고 갔다. 나폴리 항구에는 낯익은 상륙용 주정들이 빽빽하게 자리를 잡고 있었다. 종군기자가 대규모 공세를 놓친다는 것은 싱싱형무소^{악명 높은 갱단 간부 등을 수용한 뉴욕의 형무소로, 사형도구로 전기의자를 사용한 것으로 유명함}에서 5년간의 형기를 마치고 출소한 후 라나 터너^{할리우드 황}

*금시대의 마지막 스타로 평가받는 40년대 최고의 글래머 배우*와 같은 미모의 여배우와의 하룻밤 잠자리를 거절하는 것과 같은 이치였다. 나는 터너보다 핑키가 더 좋았다. 그녀에 대한 내 감정은 전선에서 다섯 달을 지내는 동안 더 이상 억누를 수 없을 만큼 커져있었다. 그런데도 나는 이렇게 묻고 말았다.

"지금이라도 저 쇼에 참가할 수 있을까?"

이 흠잡을 데 없이 완벽한 친구는 이미 모든 것을 준비해놓고 있었다.

"자네는 유격대와 함께 가기로 돼 있어. 내일 아침이면 자네가 카메라를 들고 나타나는 모습을 다비 중령이 기다리고 있을 거야."

/

어디로, 어떤 방법으로, 무엇을 공격하러 가는지 나는 전혀 알지 못했다. 전투에 지칠 대로 지친 2개 사단과 소규모 유격대가 제5군 병력의 전부였다. 그럼에도 당시에는 그 병력들이 분명 자신들의 임무를 충분히 파악하고 있다고 우리는 철석같이 믿었다. 뿐만 아니라 북아프리카의 여러 항구에서는 많은 수의 병력들이 여러 배에 나뉘어 꼭꼭 숨은 채 만반의 출동 태세를 갖추고 있다고 우리는 추정하기도 했다. 이 전쟁을 수행해오는 동안, 그때까지만 해도 전체 전략에 대한 의문이 제기된 적은 한 번도 없었다. 따라서 전략에 대해 질문을 던지는 사람도, 대답하는 사람도 거의 없었다.

상륙용 배 안에서 기다린다는 것이 얼마나 지루한지 잘 알고 있는 나는 스페인산 브랜디 한 상자를 들고, 다비 중령이 있는 본부로 찾아갔다. 중령은 여전히 사진기자를 탐탁찮게 여기는 눈치였지만 그렇다고 나에게 특별히 신경을 쓰지는 않았다. 아마 '브랜디가 통째로 굴러들어 왔구나' 하는 정도로만 생각했을 것이다.

유격대는 3주 동안이나 나폴리 북쪽의 작은 항구에서 대기하며 공격 준비를 하고 있었다. 그러다 보니 병사 대부분은 레이션에 굶주린 이탈리아 여성들의 육탄전에 저항할 기력조차 남아있지 않는 듯했다. 중령도 그런 것에는 반대하지 않고 이렇게 말했다.

"연애를 못하는 남자는 전투도 제대로 못하지."

적의 스파이나 떠벌리기 좋아하는 여성들을 따돌릴 공산으로, 사병들에게는 귀국준비 중이라는 소문을 내고 다니라는 명령이 내려져 있었다. 승선하는 날 아침이 되자 이탈리아인 수백 명이 작별인사를 하기 위해 떼로 몰려왔다. 그들은 미군 친구들을 향해 비자를 잊지 말고 보내달라고 소리쳤고, 또 시레이션 남은 게 있으면 주고 가라고 부탁했다. 부두에는 진풍경이 펼쳐졌다. 군인들은 저마다 한손에는 레이션 상자를, 다른 한손에는 애인의 허리를 안은 채로 부둣가에 앉아 군화에 광을 내고 있었다.

낮 12시경, 우리는 모두 배에 올랐다. 그리고 닻을 올렸다. 다비 중령이 나를 작전실로 불렀다. 중령은 상륙 목적지는 나폴리에서 겨우 80킬로미터 떨어진 안치오 해안이며, 도착 예정시각은 밤 12시라고 설명했다. 기가 막혔다. 항해시간이 더 길 것이라고 예상했던 나는 암시장에 들러 무려 150달러나 주고 브랜디 한 상자를 사왔던 것이다. 겨우 12시간 안에 브랜디 한 상자를 다 비울 수는 없는 노릇이었다. 그렇다고 브랜디 상자를 머리에 이고서 물이 목까지 차오르는 해안에 상륙한다는 것도 어불성설이었다.

선실로 돌아온 빌 랭과 나는 사환 병사에게 코르크마개 따개를 하나 달라고 했다. 마음씨 좋은 런던 본토박이 병사는 우리가 들고 있는 브랜디 병을 힐끗 쳐다보았다. 그는 이 배가 영국 해군 소속 배이며, 영국 해군의 배에는 지금까지 술이 마른 적 없다는 점을 우리에게 상기시켜 주었다. 더 기가 막힌 사실은 우리가 마음만 먹으면 한 병에 8실링을 주고 스카치위스키를 양껏 구입할 수 있다는 것이었다. 우리는 스카치 한 병을 시키고, 브랜디는 두 병씩 각자의 가방에 챙겨 넣은 다음 나머지는 배에 탄 군인들에게 나누어 주었다.

자정 무렵, 우리는 배에서 내려 상륙용 주정에 옮겨 탔다. 영국 해군은 별로 힘들이지 않고 해안에서 40킬로미터쯤 떨어진, 허리까지 물이 차오르는 바닷물 속에 우리를 내려놓았다.

바다에 있는 동안, 우리는 아무런 저항도 받지 않았다. 잠시 해안 쪽에서 총격이 있었으나, 20분 정도 지나자 잠잠해졌다. 독일군을 바지를 벗은 채로 생포할 수 있을 정도였으니 그 작전은 완벽한 기습 공격이었다. 아군은 호화스러운 카지노 지하실에 사령부를 설치했다.

나는 젖은 바지를 갈아입으려고 가방을 열었다. 그런데 낮에는 정신적으로 나를 괴롭히던 스페인산 브랜디가 이번에는 내가 아무렇게나 방치한 데 대한 보복이라도 하듯 병에서 슬그머니 빠져나와서는 갈아입을 바지를 흠뻑 적셔놓은 것이 아닌가. 어쩔 수 없이 나는 소금기에 절은 바지 대신 브랜디에 취한 바지로 갈아입었다. 몸에서는 근사한 향기가 났지만, 나는 밤새 꿉꿉함에 시달려야 했다. 아침이 되자 따스한 햇살이 젖은 바지를 말려주었다. 나는 다시 기운을 차렸다.

독일군은 전사하지 않으면 모두 포로로 잡혔다. 우리는 독일군 식량 창고에서 이탈리아의 살라미_{소고기와 돼지고기의 등심살에 돼지기름, 소금, 후추, 럼주를 넣고 가열해 건조시킨 이탈리아의 전통 소시지}, 스위스산 치즈, 노르웨이산 정어리, 덴마크산 버터와 뮌헨의 맥주를 발견했다. 안치오에서의 첫날은 기대에 잔뜩 부푼 시간이었다. 로마까지는 불과 40킬로미터로 우리는 2주 내로 그곳에 당도할 수 있을 것으로 예상했다. 그러나 기대에 부풀었던 첫 스물네 시간은 그 빌어먹을 해안에서 보낸 많은 시간들 중 유일하게 행복했던 단 하루였다.

공보부는 해안의 별장 한 채를 징발해 설치한 곳이었다. 기자들은 그곳에서 모두 무사히, 즐거운 시간을 보내고 있었다. 군단 본부로부터 소식이 오기만을 기다리면서 우리는 포커를 쳤다. 별장 밖에서는 군함들이 속속 항구에 도착해 병사와 총기를 내려놓고 있었다. 포커를 치는 틈틈이 나는 창 너머 광경을 카메라에 담았다. 안치오는 그래도 우리가 배속된 지역 중에서 가장 유쾌한 곳이었다.

한창 드로 포커_{포커게임의 일종으로, 한번 받은 패를 바꿀 수 없는 스테드 포커와 달리 이 게임은 패를 바꿀 수 있다}를 치고 있는데, 갑자기 아군 대공화기가 불을 뿜기 시작했다. 나는 창가로 달려갔다. 독일군 폭격기 스물네 대가 우리 별장 위 푸른 상공을 날고 있었다. 폭격기들은 일제히 아군 배에다 폭탄을 투하했다. 나는 카메라 초점을 맞추고 불과 200미터도 안 되는 지점에서 아군 화물선 한 척이 폭발하는 멋진 장면을 고스란히 사진에 담았다.

폭격기는 되돌아갔다. 나도 다시 포커판으로 돌아갔다. 내가 정말로 기막힌 장면들을 찍었다고 자랑하자, 클라크 리가 짜증스럽게 카드를 만지작거리며 한마디 쏘아붙였다.

"이봐, 포커 칠 때는 장사얘기 좀 안할 수 없어?"

내 패를 찬찬히 훑어보니 5페어였다. 드로 게임에선 그다지 센 축에 끼는 패는 아니었다. 그러나 사진기자라는 내 직업에 대한 클라크의 태도가 못마땅했던 나는 홧김에 백 달러를 걸어버렸다. 그러면서도 제발 다른 사람들이 죽어주기만을 간절히 바랐다.

〈AP통신〉의 돈 화이트헤드가 자기 패와 내 얼굴을 번갈아 쳐다보더니 말했다.

"이 헝가리 사기꾼아, 자네가 뻥카라는 걸 난 다 알지. 난 이백 달러!"

클라크도 자기 차례가 되자 말했다.

"나야 뭐 판세 같은 건 관심 없지만 누가 속이는지는 반드시 두고 봐야지."

그러더니 가진 돈 전부를 포커판 한가운데다 털썩 내려놓는 것이었다. 판돈은 이제 엄청나게 불어났다.

클라크의 행동은 마치 포커게임을 끝내기 위한 마지막 노림수 같았다. 우리는 모두 "콜"을 외치고 각자의 패를 쪼이기 시작했다. 화이트헤드는 계속 간다고 하고, 클라크 리는 패를 한 장 더 받았다. 나는 석 장을 바꿨다. 내가 뜬 5페어로는 승산이 없을 게 분명했다. 우리는 이미 각자가 가진 돈 전부를 건 상태라 집을 거라곤 카드밖에 없었다. 화이트헤드의 패는 스트레이트였고, 클라크 리의 패는 플러시였다. 클라크 리는 투덜대는 화이트헤드를 흘깃 한번 쳐다보고는 판돈에 손을 뻗쳤다.

사실 나는 내 패에 그다지 신경을 쓰지 않고 있었다. 그래서 다섯 장을 한꺼번에 뒤집었다. 앞의 두 장은 처음 그대로 5페어였다. 다행히 세 번째 카드도 5가 나왔다. 그러나 네 번째 카드는 3이 나왔다. 나는 마지막 카드로 시선을 옮겼다. 그런데 이게 웬일, 5가 아닌가! 이렇게 해서 내 패는 포카드가 되었다.

　　전쟁 기간을 통틀어, 포커를 쳐서 이렇게 많은 돈을 싹쓸이한 건 그때가 처음이자 마지막이었다. 안치오 상륙이 쉬웠던 만큼 어찌 보면 내게도 실수로 찾아온 행운이었는지 모른다.

/

안치오 상륙 닷샛날, 우리는 한동안 로마 입성이 쉽지 않을 것임을 알게 됐다. 상륙 첫날 그 작은 땅덩어리만이라도 확보할 수 있었다는 게 우리에겐 큰 행운이었다. 독일군의 수가 아군보다 월등히 많았고, 그들의 감시나 포탄 공격으로부터 자유로운 아군 교두보는 단 한 평도 없었기 때문이다.

　　기자들은 모두 공보본부가 있는 지하실로 자리를 옮겼다. 우리는 이런 저런 상황을 충분히 따져본 후에야 지하실 밖으로 나가곤 했다. 지프를 탈 때마다 나는 야전침대로 사타구니를 가렸다. 런던에서 휴가를 보내기도 전에 다리 사이에 한 방 맞기라도 한다면 끝장이라는 생각 때문이었다. 그럴 바엔 차라리 내 머리통이 날아가는 게 더 나을 것 같았다.

　　런던 이동 허가서는 아직 내 주머니 속에 들어있었다. 나는 매일 그것을 보며, 반드시 내일 아침에는 이곳을 떠나야겠다고 결심하곤 했다.

　　이 저주받은 교두보에는 새로운 사진거리라곤 눈을 씻고 봐도 더 이상 찾아볼 수 없었다. 매일 아침, 간밤에 아군 병사 몇 명이 죽었다는 사실을 확인하는 것이 우리가 듣는 소식의 전부였다. 우리는 노름도 하지 않았고, 술

1944년 1월, 이탈리아 안치오,
사살된 독일 병사.

도 마시지 않았고, 수염도 깎지 않았고, 기사도 쓰지 않았다. 다른 병사들처럼 봄이 어서 오기를, 혹은 포탄이 날아오기를 기다리고 있을 뿐이었다.

2월 말에 나는 크리스로부터 전보를 받았다. 제9공수부대 본부가 런던으로 이동 중이라는 소식과 함께, 내가 타고 갈 비행기를 나폴리에 준비해 놓았다는 내용이었다.

나는 병원선을 타고 안치오를 떠났다. 중상을 당한 병사들로 꽉 찬 병원선에서 부상당하지 않는 사람은 나 혼자였다.

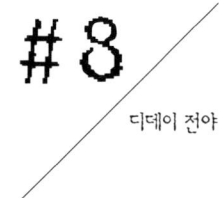

디데이 전야

우리가 탄 비행기는 이륙 후 나폴리 상공을 한바퀴 선회했다. 300미터 상공에서 바라본 나폴리 시가지는 예전처럼 아름답게 보였고, 전쟁은 저 아득한 곳으로 멀어져 간 느낌이었다. 살레르노 상공을 지날 때, 바다에 삐죽 솟아 있는 침몰선의 돛대가 눈에 들어왔다. 하늘에서 내려다보면, 이번 전쟁으로 생겨난 시칠리아의 폐허는 이천 년 된 아그리젠토*시칠리아 섬 남서부에 있는 도시로 그리스 신전의 유적으로 유명함*의 폐허와 별반 다르지 않아 보였다.

6개월 전만 하더라도 커버스토리를 장식했던 장소들은 이제 목초지로 변해, 포탄이 터지면서 생겨난 구멍마다 짙은 풀이 자라고 있었다. 비행기를 타고서 연합군이 진격했던 길을 뒤따라가는 것은 마치 2주 전에 촬영이 끝난 영화 세트를 다시 방문하는 것과 흡사했다. 전쟁의 흔적들은 세트에 내버려진 소도구들처럼 여기저기 널려 있었다. 가장 은밀한 촬영세트인 바닷물 아래에도 소도구들이 고요히 드러누워 있었다.

크리스와 나는 북아프리카 해안을 뒤로하고 떠나왔다. 지난 세 번의 전투는 이미 과거로 치부하고, 다가올 전투에 대해서도 한마디 언급조차 하지 않았다. 대신 런던에 도착하면 처음 스물네 시간을 어떻게 보낼 것인가에 대해 얘기했다.

　정오 무렵에 런던에 도착할 것으로 예상한 나는 핑키가 우리를 위해 빌려 놓은 근사한 아파트로 예고 없이 찾아가 그녀를 놀라게 하고 싶었다. 내가 몸을 씻는 동안 핑키는 신선한 계란과 잼을 곁들인 토스트를 준비할 것이다. 저녁이 되면, 나는 검푸른 정장에 흰 셔츠를 받쳐 입고, 그녀는 머리를 틀어 올리고 가장 예쁜 이브닝 가운을 입을 것이다. 그런 다음에 우리는 함께 불레스탱 레스토랑에서 1928년산 크루그 샴페인을 곁들여 저녁식사를 즐기고, 코코넛 그로브로 갈 것이다. 그곳이라면 크리스와 동행해도 괜찮을 것 같았다. 나는 크리스에게 핑키와 한두 번쯤은 같이 춤출 수 있게 해주겠다고 말했다. 그러자 그는 핑키에게 여자 친구 한 명쯤은 있지 않겠냐고 물었다. 나는 여자 친구라면 꽤 많을 테니 걱정하지 말라고 대답했다.

　저녁 7시에 우리는 런던에 도착했다. 핑키가 빌려놓은 아파트는 벨그라브 광장에서 제일 큰 건물이었다. 로비의 검정색 게시판에는 입주자들의 명패가 꽂혀 있었다. 1층은 뭔가 대단한 지위의 미망인, 2층은 귀족, 3층은 공군 중장, 4층은 파시스트 스페인 대사, 5층은 의사, 6층은 해군 하사관이 살고 있었다. 이 모든 사람들의 머리꼭대기 위에 카파와 핑키의 옥탑방이 자리 잡고 있었다.

　크리스와 나는 엘리베이터를 타고 꼭대기 층으로 올라갔다. 나는 열쇠로 문을 따는 동시에 벨도 서너 번 눌렀다. 텅 빈 현관에는 전등만 켜져 있었다. 그때 한쪽 방에서 인기척이 나는가 싶더니 한 사람이 나왔다. 옅은 갈색 머리를 가진 젊고 예쁜 여성이었다. 배가 꽤 부른 걸로 보아 만삭인 듯했다.

　당황한 크리스가 내게 말했다.

"왜 그렇다고 말해주지 않았어?"

그녀는 우리 둘을 찬찬히 살펴보고는 나를 향해 말했다.

"당신이 카파 씨죠? 저는 모나 클라인이에요. 일레인의 친구죠."

나는 크리스를 돌아봤다.

"핑키에게 친구가 있을 거라고 말했잖아."

나는 모나에게 인사를 했다. 그리고 서둘러 물었다.

"그런데 핑키는 지금 어디 있습니까?"

그녀는 잠시 머뭇거리더니 내 얼굴을 쳐다보며 말했다.

"핑키의 맹장이 당신보다 좀 빨랐어요. 지금은 많이 괜찮아졌어요."

핑키는 4주간 내가 돌아오기만을 기다리며 수술을 하루하루 미뤄왔다고 했다. 그러던 중 어젯밤 갑자기 맹장이 터지는 바람에 병원에 실려 갔다는 것이다. 그녀는 나를 안심시키려는 듯 말을 이었다.

"당장이라도 전화 통화를 할 수는 있지만, 가급적이면 내일 아침까지 기다리는 편이 좋을 것 같아요. 아무래도 흥분하면 안 좋을 테니까요."

나는 크리스와 함께 근처 술집으로 가서 저녁시간을 보냈다. 그날 밤 내내 크리스는 루이 14세가 사용했을 법한 거대한 침대에 누워 코를 골았다. 나는 뜬눈으로 밤을 지새웠다.

다음날 아침 일찍 집을 나선 나는 온갖 종류의 꽃을 한아름 사들고는 핑키가 있는 병원으로 찾아갔다. 작은 체구의 간호사가 병실 문 앞에서 나를 맞았다.

"파커 씨, 이렇게 만나 뵙게 돼서 반갑습니다. 부인께선 마취상태에 있는 내내 선생님을 찾으셨어요."

흰색 베개에 파묻힌 창백한 분홍빛 점 하나가 내게 속삭였다.

"카파 씨, 잠시만 돌아서 있어요."

나는 그녀가 이제 됐다고 말할 때까지 돌아서 있었다.

잠시 후, 그 분홍빛 점 하나에 눈과 눈썹과 입술이 또렷하게 나타나는가 싶더니, 아르페지 향수 냄새가 그윽하게 뿜어져 나왔다. 그녀의 마스카라가 번지기 시작했다.

"그렇게 애쓰면서 당신을 기다렸는데…."

그녀는 곧 눈물을 닦고 이번엔 진짜 핑키의 모습으로 돌아왔다.

"내 배에 난 상처는 로렌 훈장의 십자가같이 생겼는데, 아주 예쁘고, 곧 없어진대요."

그제야 나는 그녀에게 말을 건넬 수 있었다.

"당신 몸에 새겨진 흉터까지도 소중히 여길게."

의사가 병실로 들어왔다. 우리는 악수를 나누었다. 의사는 나를 파커 씨라고 불렀다. 나는 그냥 카파라 불러달라고 했다. 의사는 나를 복도로 데려가더니 그녀가 너무나 오랫동안 수술을 미뤄왔던 터라 상당히 조심하지 않으면 안 된다고 일러주었다. 내 마음은 다시 무거워졌다.

의사가 돌아간 후 자상한 인상의 부인 한 명이 병실로 들어섰다. 부인이 내게로 다가왔다.

"나는 일레인의 엄마예요. 당신은 아주 나쁜 사람인가 봐요."

병실에 좀더 머물러도 좋다는 허락을 받았기 때문에 우리는 곧 한 가족처럼 도란도란 대화를 나누기 시작했다.

/

1944년 5월, 런던은 침공 소문으로 뜨겁게 달아올랐다. 거리는 연합군 병사들로 만원이었고, 술집마다 위스키 품귀 현상이 벌어졌다. 그런 가운데 사막의 오아시스처럼 등장한 술집이 '리틀 프렌치 클럽'이었다. 프랑스를 동경하는 영국지식층 여성이 연 술집이었다. 그곳은 자유프랑스 단원과 술을 좋아하는 연합군 병사들에게 최소한의 돈을 받고 술을 제공했다. 뿐만 아니라 스카치위스키가 놀랄 만큼 풍부했다. 고달픈 처지의 지식인이자 미군 이등병인 두 사람, 어윈 쇼^{미국의 극작가이자 소설가}와 빌 사로얀^{미국의 극작가}은 자신들이 열렬한 프랑스 지지자라며 술집 여주인을 설득한 뒤 그 클럽에 가입했다. 그들이 자유프랑스 단원들의 구역에 교두보를 마련했다는 소식은 금세 술이 고픈 다른 인텔리 병사들 사이로 퍼졌고, 곧 이 클럽에 대한 침공이 개시됐다.

뜻이 통하는 사람들과 함께 스카치위스키를 찾아다니던 나는 클럽에 가입해보지 않겠냐는 권유를 받았다. 미국인에게 할당된 정원이 이미 초과된 상태였지만, 어쨌든 나는 한번 시도해보았다. 그리고 '자유 헝가리인'으로 가입이 허용됐다.

바로 이 클럽에서 나는 런던 휴가의 두 번째 저녁을 보냈다. 새벽 세 시에 그곳을 나온 나는 상류사회의 대저택으로 되돌아왔다. 우리 집 손님인 모나는 잠을 자지 않고 깨어 있었다. 그녀의 배가 상당히 불룩해진 것으로 봐서 곧 두 번째 손님이 생길 것 같았다. 나는 서둘러 그녀를 산부인과로 데리고 갔다. 입원수속은 재빠르게 처리됐다.

나는 안내를 받아 예비 아빠들이 모인 곳으로 갔다. 당시 런던에는 미군복을 입은 예비 아빠의 모습이 드물었기 때문에 그곳에서 초조하게 기다리고 있던 영국의 예비 아빠들은 잠시 자신들의 일을 잊고 내 주위로 모여 들었다. 그리고 모든 것이 잘 될 테니 걱정하지 말라고 나를 안심시켰다.

11시에 간호사가 들어와서 큰 소리로 말했다.

"클라인 씨, 예쁜 아들의 아빠가 되셨네요."

/

하루 휴가를 떠났던 크리스가 제9수송부대 사령부 주둔지인 잉글랜드 중부 지방에서 돌아왔다. 그는 '클라인 씨'의 아기를 보고 감탄하더니 핑키가 있는 병원에 들러서는 '파커 씨'의 핑크빛 소녀를 보고도 감탄했다.

저녁 때 나는 그를 리틀 프렌치 클럽으로 데리고 갔다. 그곳에서 크리스는 재담꾼으로서 엄청난 인기를 끌었다. 그가 '파커 씨'와 '클라인 씨' 사건을 까발린 덕택에 나는 애보트와 코스텔로 20세기 초중반에 활약한 미국의 유명한 코미디 듀오가 연기한 저 불쌍한 '지킬 박사와 하이드 씨'가 되고 말았다. 국외자 신분의 미군들은 이 이야기에 퍽이나 감동을 받은 모양이었다. 다음날 그들은 모나와 핑키의 병실을 꽃다발과 군매점에서 산 레이션으로 가득 채웠다. 물론 방문객도 많았다.

/

하루가 다르게 침공작전과 거물급 인사들의 도착에 대한 소문은 점점 더 늘어났다. 회갈색 구레나룻을 무성하게 기른 어네스트 헤밍웨이가 리틀 프렌치 클럽에 마지막으로 가입한 회원이었다. 그는 눈에 염증이 생겨 시력이 좋지 않은 상태였다. 나는 그와의 재회가 엄청나게 반가웠다.

우리의 우정은 아주 오래전에 시작됐다. 1937년 스페인 공화국 시절에 우리는 처음 만났다. 당시 나는 풋내기 프리랜서 사진작가였고, 그는 매우 유명한 작가였다. 어딜 가든 사람들은 모두 그를 파파라고 부르며 따랐다. 나도 곧 그를 파파라 부르며 양아버지로 모셨다. 그동안 여러 가지 측면에서 양아버지로서의 의무를 다해온 그는, 이렇게 돈에 쪼들리지 않는 양자와 다시 만나게 된 것을 무척 기뻐했다. 나는 그에게 양자로서의 내 애정과 지금은 부자라는 사실을 확인시켜주고 싶었다. 그래서 쓸데없이 호화스러운 우리 아파트에서 그를 위한 파티를 열기로 했다.

다음날 병원을 찾아가 핑키에게 내 계획을 말했다. 핑키는 한 가지 조건을 달고서 내 계획을 승낙했다. 조건은 아무도 모르게 샴페인 반병을 갖다 달라는 것이었다. 핑키는 또 내가 떠나고 없던 지난 10개월 동안 주류배급을 받아서 모은 스카치위스키 열 병과 진 여덟 병을 옷장 속에 숨겨 놓았다고 했다.

브랜디나 샴페인은 한 병에 30달러 정도면 누구나 쉽게 구할 수 있는 술이었지만, 스카치위스키와 진은 그렇지 않았다. 민간인에 대한 판매가 제한된 시절이었다. 파티를 열기로 한 날 나는 어항 한 개, 샴페인 한 상자, 브랜디 몇 병 그리고 신선한 복숭아 여섯 개를 장만했다. 복숭아를 브랜디에 담그고, 그 위에다 샴페인을 부음으로써 파티 준비가 완료됐다.

공짜 술잔치인데다 헤밍웨이를 만날 수 있다는 매력 때문에 사람들이 안 오고는 못 배길 파티였다. 상륙작전 때문에 런던에 모였던 사람들은 하나도 빠짐없이 우리 파티에 모습을 드러냈다. 그들은 스카치며 샴페인이며 브랜디와 진까지도 아낌없이 마셔댔다.

나의 주빈인 헤밍웨이는 이제 내 친구가 된 의사와 함께 방 한쪽 구석에 앉아서 사이좋게 대화를 나누고 있었다. 헤밍웨이는 악성은 아니지만 암에 걸린 적이 있었고, 또 부스럼이 생기는 바람에 어쩔 수 없이 턱수염을 기르게 되었다는 등의 얘기를 했다.

새벽 4시, 술을 담은 어항에서 복숭아가 훤히 드러나 보였다. 술병도 모두 비고, 어항도 바닥을 드러내자 손님들은 하나둘씩 자리를 뜨기 시작했다. 의사는 헤밍웨이를 호텔까지 태워주겠다고 약속했다. 나는 술에 전 복숭아를 꺼내 먹고는 잠에 곯아떨어졌다.

아침 7시에 전화벨 소리가 울렸다. 병원에서 온 전화였다. 헤밍웨이라는 사람에 관한 일인데 급히 응급실로 와달라는 것이었다. 응급실에 가보니 백킬로그램의 거구인 파파가 수술대 위에 누워 있었다. 그의 머리는 깨져 벌어져 있었고, 턱수염은 피에 흥건히 젖어 있었다. 마침 의사들이 마취제를 주사한 후 머리에 난 상처를 바늘로 꿰매고 있었다.

파파는 파티를 열어줘서 고맙다고 정중하게 말한 다음, 내 친구 의사한테 가서 그를 돌봐주라고 부탁했다. 그가 어젯밤 차를 몰고 가다 강철 물탱크를 들이받는 사고를 냈으며, 아마 자기보다 더 심하게 다쳤을 거라고 했다. 파파는 또 미국에 있는 자식들에게 전화를 걸어서, 파파의 부상은 그리 심하지 않으니 신문에 어떤 기사가 나더라도 놀라지 말라고 전해달라고 했다. 마흔여덟 바늘을 꿰맨 후 파파는 완전히 딴사람이 된 것 같았다.

1944년 5월, 런던.
교통사고로 부상을 입고 입원한 헤밍웨이.

응급실에서 내가 헤밍웨이를 '파파'라고 부르는 것을 본 의사들 덕에 나도 '카파 헤밍웨이'로 불리며 유명인사가 되었다.

/

5월은 이미 막바지에 이르렀다. 영국의 태양은 뜨거웠고, 침공작전은 예정된 시간을 훌쩍 넘겼다. 나는 병원 생활이 지겨워지기 시작했다. 핑키를 사랑하고 있었지만, 이제는 다시 전선으로 돌아갔다가 핑키가 정거장에서 나를 기다릴 수 있을 때쯤 다시 돌아오고 싶었다. 병원에 가는 것이 싫었다. 핑키가 꽃과 간호원에게 감금된 동안 홀로 도시를 배회하는 것도 싫었다. 그런 상황을 나보다 더 싫어한 사람이 있었다. 핑키였다.

마침내 핑키는 적어도 2주일은 요양소에서 지내야 한다는 조건을 달고 퇴원했다. 런던에서 35킬로미터 정도 떨어진 애스컷에 요양소가 있었다. 성 마리아회 수녀들이 운영하는 곳이었다.

나는 콜택시를 불러 핑키를 태우고 운전사에게 애스컷으로 가자고 했다.

"벨그라브 광장 26번지요."

핑키가 재빠르게 아파트 주소를 댔다. 하지만 나는 기사에게 애스컷으로 가자고 거듭 말했다.

"당신은 그럴 권리가 없어요. 아픈 게 내 배지 당신 배예요?"

물론 아픈 것은 그녀의 배였다. 그러나 선택권은 그녀의 것이 아니었다. 런던 교외를 벗어나자 들판은 푸르렀다. 우리는 봄의 한가운데로 달려갔다.

"두 주만 참으면 돼."

"그 두 주 동안 난 하루도 당신을 용서하지 않을 거예요."

수녀들은 친절했고, 핑키가 지낼 방은 아늑했다. 창밖의 경치도 아름다웠다. 그러나 나는 런던으로 돌아가야만 했다.

리틀 프렌치 클럽은 따분했고, 벨그라브의 아파트는 끔찍했다. 하나도 즐겁지 않았다. 나는 마지막으로 요양소를 방문했다. 마침 핑키는 정원에서 산책하고 있었다. 그녀의 스커트는 예전처럼 그녀의 허리에 꼭 맞았다. 걸을 때 약간 절기는 했지만 그녀의 다리는 여전히 아름다웠다.

이틀 후 핑키는 집으로 돌아가기로 돼있었다. 우리는 걸어서 그녀의 방으로 되돌아갔다. 한 수녀가 차를 갖다 줬다. 차를 다 마신 나는 샴페인 한 병을 아이스박스 안에 냉각시켜두었다고 핑키에게 말했다. 수녀가 쟁반을 내가기 위해 방안으로 들어와 내게 말했다.

"면회 시간이 끝났습니다."

나는 군복을 입고 있었고, 테이블 위에 놓인 신문에는 '히틀러, 일요일 침공 개시를 선언하다'라는 제목이 달려 있었다. 찻잔이 담긴 쟁반을 들고 문 쪽으로 걸어가던 수녀가 고개도 돌리지 않고 말했다.

"근데, 어두워진 후에 돌아간다 해도 뭐라 할 사람은 아무도 없답니다."

/

종군기자 수백 명 중에서 최초의 진격에 동행하도록 선발된 인원은 스무 명에서 서른 명 사이였다. 그중에서도 사진기자는 단 네 명뿐이었는데, 거기에 내가 포함됐다.

공보부에서 소수의 선발 기자를 모아놓고 미팅을 열었다. 이 시각부터는 모든 장비를 꾸린 상태로 상시 대기하고, 각자의 숙소에서 한 번에 한 시간 이상 외출하지 말라는 명령이 전달됐다. 그리하여 내가 애스컷에 갈 수 있는 길은 완전히 차단돼버렸다.

필요한 것은 모두 갖추고 있었지만 나는 무슨 수를 써서라도 기습쇼핑을 하기로 마음먹었다. 버버리 매장에서 영국군 레인코트를 샀고, 던힐 매장에서는 은으로 만든 포켓용 술병을 샀다. 이로써 나는 만반의 준비를 갖추었다.

핑키가 집으로 돌아오기로 한 날 이른 새벽에 공보부 소속 중위 한 명이 찾아와 나를 깨우고, 내 장비를 나르는 것을 도와주겠다고 말했다. 당시 나는 다른 사람에게 얘기하는 것도, 메시지를 남기는 것도 허용돼지 않았다. 그러나 아파트 계약기간 만료일이 가까이 다가온 터라 중위는 내가 백지수표에 사인을 하고, 그것을 화장대 위에 놓인 아르페지 향수병 밑에 놓아두는 것을 허락해주었다. 나는 핑키가 이런 속사정을 이해해 줄 것이라 믿었다.

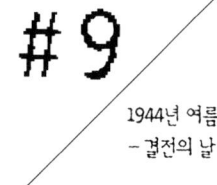

#9

1944년 여름
– 결전의 날

일년에 한 번 사월 어느 날이 되면, 자긍심이 강한 유태인들은 그들만의 추수감사절인 유월절을 즐긴다. 유월절 축제는 추수감사절과 비슷하게 진행된다. 유일하게 다른 점이 있다면, 그날 성찬에는 칠면조는 물론이고 음식이란 음식은 모두 상에 오르기 때문에 구세계의 어린이들은 신세계의 어린이들보다 배탈을 더 많이 앓는다는 것이다.

만찬이 끝나면 아버지들은 허리띠를 느슨하게 풀고, 싸구려 시가에 불을 붙인다. 나도 여러 번 그런 짓을 해보았지만, 절호의 기회를 잡았다고 판단한 막내아들은 아버지에게 바짝 다가가 짐짓 엄숙한 히브리어로 묻는다.

"오늘이 다른 날보다 특별한 이유가 뭐예요?"

그러면 아버지는 매우 즐겁고 만족스러운 표정을 지으며 길고 긴 얘기를 들려준다. 수천 년 전 이집트에서 어떻게 해서 살육의 전사가 선택받은 민족의 첫째 아들을 보고도 그냥 지나쳤는지, 또 그 후에 어떻게 해서 모세라는 장군이 유태인들을 인도하여 발을 적시지 않고도 홍해를 건넜었는지에 대해.

서기 1944년 6월 6일. 영불해협을 건너 '이지 레드'라 불리는 노르망디 해안에 발을 적시고 상륙한 유태인들과 이교도들_{유태인들이 말하는 비(非)유태교 사람들로 대체로 기독교도를 가리킴}은 일년에 한 번 그날을 크로스오버 데이_{상황이 역전된 시점, 즉 전환점이나 신기원을 이룬 날이라는 뜻}로 영원히 기리고 축하해야 할 것이다. 시레이션 깡통 두세 개를 후딱 해치운 아이들은 아버지들에게 그 경축일이 다른 날과 어떻게 다른지를 묻게 될 것이다. 그러면 나는 아마도 유월절 이야기처럼 그 날에 얽힌 길고 긴 이야기를 들려줘야 하지 않을까?

/

그해 봄을 프랑스 해안에서 보낼 운명이었던 병사들은 영국 남동쪽 해안의 거대한 수용소에 집결해 있었다. 누구든 철조망으로 둘러싸인 수용소의 문턱을 넘어서는 순간 영불해협의 절반을 이미 건넌 것과 다름없었다.

수용소에서 우리는 앞으로 하게 될 여행에 대한 준비를 착착 진행해 나갔다. 합법적인 달러화 및 파운드화 지폐를 얇은 종이에 찍어낸 일종의 군표인 프랑화로 바꾸고, 수백 가지 항목이 인쇄된 리스트를 지급받았다. 거기에는 1944년 시즌에 프랑스 해안에서 단정한 방문자처럼 보이려면 어떤 옷차림을 해야 하는지가 자세히 적혀 있었다. 그 외에 작은 책자도 수령했는데, 그곳 토박이들을 대할 때 어떤 식으로 말하고 행동해야 하는지를 자세히 적어놓은 것이었다. 소책자에는 꽤 쓸 만한 표현들이 많았다. "Bonjour, monsieur, nous sommes les amis américains(안녕하세요, 우리는 당신의 친구인 미국인입니다)."는 남자에게 하는 말이고, "Bonjour, mademoiselle, voulez-vous faire une promenade avec moi(안녕하세요

아가씨, 저와 함께 산책하실래요)?"는 여자에게 하는 말이었다. 첫 번째 말은 "저를 쏘지 마세요"라는 의미고, 두 번째 말은 아주 많은 의미로 해석할 수 있는 표현이었다.

그 외에도 소책자에는 또 다른 나라 사람들을 만났을 때 쓸 수 있는 다양한 표현들이 담겨 있었다. 그들은 이러저러한 이유로 인해 우리가 프랑스 해변에서 만나게 될 사람들이었다. 표현들은 적절하게 사용할 수 있는 독일말로 구성돼 있었다. 만약 말썽을 부리지 않고 무조건 항복한다면 그 대가로 담배, 따뜻한 목욕물뿐 아니라 그 밖의 여러 가지 편의를 제공하겠다는 내용이었다. 소책자는 실제로 앞으로 유용하게 써먹을 수 있는 읽을거리였다.

우리가 입을 군복은 가스나 물이 일절 스며들지 않도록 만들어진 것이어야 했다. 머지않아 상륙할 곳의 풍경과 같은 여러 가지 색상으로 위장해야 함은 물론이었다. 이로써 만반의 준비를 갖춘 우리는 '디데이'라 불리는 그 날을 기다렸다.

우리는 모두 '양서류^{상륙용 주정을 타고 육지에 상륙하는 병사를 뜻하는 말}'라고 하는 괴상한 병 때문에 고통을 겪고 있었다. 수륙양용 부대원이 된다는 것이 뜻하는 바는 유일명료했다. 그러니까 물에서 당하고, 뭍에서도 당할 것이라는 뜻이었다. 예외란 없었다. 단 하나, 물과 뭍 양쪽에서 서식가능하면서도 당하지 않는 것은 오직 '악어^{수륙양용전차를 뜻하는 말}'뿐이었다. 양서류도 급이 다양해서, 가장 먼저 해안에 상륙해야 하는 양서류들이 가장 호되게 당하도록 돼 있었다.

/

웨이머스 항구는 불야성을 이루고 있었다. 바다에는 군함, 수송선, 화물선, 상륙용 주정들이 함께 뒤섞여 있고, 상공에는 수백 개의 은색 소형 비행선으로 구성된 방공기구망^{적의 공습을 방해하기 위해 진지의 상공에 둘러친 기구 방어망}이 떠 있었다. 곧 프랑스로 떠날 여행자들은 갑판 위에서 일광욕을 즐기며, 거대한 장난감들이 배 위로 들어올려지는 것을 한가롭게 지켜보고 있었다. 낙관론자들이 보면, 그것도 아주 멀리 떨어져서 보면, 그 모든 것들이 하나의 신형 비밀병기로 보였을 것이다.

　미국함선 체이스 호에 나와 같이 승선한 사람들은 세 부류, 즉 작전 관계자와 도박꾼과 마지막 편지를 쓰는 사람으로 나눌 수 있었다. 도박꾼들은 상갑판에서 볼 수 있는 사람들로, 작은 주사위 두 개에 벌 떼처럼 달라붙어서는 담요 위에 수천 달러의 돈을 걸었다. 마지막 편지를 쓰는 사람들은 갑판 구석에서 숨어서, 자신이 아끼던 엽총은 동생들에게, 저축한 돈은 가족에게 남긴다는 아름다운 문장을 종이 위에 적었다.

　작전 관계자들은 배 아래층 체육관에 내려가, 프랑스 해안의 여러 집들과 나무를 본뜬 모형을 붙인 고무카펫 주위에 배를 깔고 엎드려있었다. 소대장들은 고무로 만든 마을 사이로 난 길을 진로로 정하고, 모형 숲 뒤나 모형 도랑 속에서 엄폐물로 쓸 만한 것을 찾았다. 뿐만 아니라 고무카펫 위에는 전투에 참가할 모든 배들이 작은 모형으로 만들어져 있었고, 벽 하단에는 해안 이름과 특정 전투지구 이름을 쓴 작은 표지판이 붙어 있었다. '이지 레드_{Easy Red}', '폭스 그린_{Fox Green}' 등은 모두 오마하 해안에 속한 곳의 지명이었다.

해군 지휘관과 참모들도 체육관에 모여서 작은 모형 배를 잡고서 벽에 그려 놓은 해안으로 밀어 넣고 있었다. 그것도 아주 정확하게. 훈장을 가득 달고 있는 그 신사들이 마루 위에서 노는 모습을 지켜보면 볼수록, 그들에 대한 내 신뢰는 엄청나게 커져갔다.

공손하게 관심을 표하고 나는 체육관에서 펼쳐지는 진행상황을 지켜봤다. 체이스 호는 상륙용 주정을 운반하는 모선으로, 프랑스 해안에서 16킬로미터 떨어진 바다에 상륙용 주정을 내려놓을 계획이었다. 나는 어떤 주정을 탈 것인지와 어떤 나무 뒤에 숨을 것인지를 동시에 결정해야만 했다. 그것은 경주 시작 10여 분 전에 미리 여러 말을 관찰하는 것과 다를 바 없었다. 5분 후에는 말을 골라 베팅을 해야 했다.

B보병중대의 공격 목표가 내 관심을 끌었다. 또 그 부대를 따라가면 어느 정도의 안전도 확보할 수 있을 것 같았다. 한편, 내가 예전부터 잘 알았던 E보병중대도 있었는데, 그 부대와 함께 시칠리아 전선에서 겪은 일화는 이번 전쟁을 통틀어 내게 최고의 순간이었다. B중대와 E중대 사이에서 갈팡질팡하고 있는데, 제1사단의 돌격부대인 제16보병연대 사령관인 테일러 대령이 정보를 하나 귀띔했다. 연대 본부가 공격 제1파 보병부대의 바로 뒤를 따라간다는 것이었다. 그와 함께 움직이면 절대 공격을 놓칠 리 없겠다 싶었다. 또한 안전도 좀더 확보할 수 있을 것 같았다. 생존확률 2 대 1, 이는 도박에서도 꽤 괜찮은 베팅이었다.

혹시 이쯤에서 내 아들이 말을 가로막고, "종군기자와 다른 군복을 입은 사람은 뭐가 달라요?"라고 물으면 나는 이렇게 대답할 것이다.

"종군기자는 군인들보다 술도 더 마시고, 여자도 더 많고, 월급도 더 받고, 자유도 더 누리는 사람들이었다. 더구나 이번 게임에서 그들은 자기 입장을 자기 의사대로 선택할 수 있었다. 그래서 만약 도망치기로 결정했다 해도 그로 인해 처벌받지 않았기 때문에 오히려 더 심한 고민에 휩싸였다. 다시 말해 그들은 자기의 판돈, 즉 목숨을 자기 마음대로 걸 수 있었기 때문에 아무 말을 골라서 걸 수 있었고, 또 막판에 돈을 자기 호주머니에 도로 집어넣어도 되는 사람들이었지."

그렇다. 나는 도박꾼이다. 그래서 E중대와 함께 공격 제1파를 따르기로 결정했다.

일단 최초의 상륙부대와 함께 가기로 마음을 정하고 나니, 이번 침공은 식은 죽 먹기로 진행될 것이고, '난공불락의 서부 방벽_{연합군 상륙을 저지하기 위해 히틀러가 구상, 설치한 여러 방어선 중 하나}'에 대한 이런저런 소문은 죄다 독일군의 선전에 불과하다는 확신이 들기 시작했다.

갑판 위로 올라가서 멀리 사라져가는 영국 해안을 바라보았다. 옅은 초록빛을 발하며 작아지는 섬의 모습에 울적해진 나는 마지막 편지를 쓰는 사람들 무리에 끼어들었다. 그리고 동생에게는 스키 부츠를 준다는 내용의 편지를, 어머니께는 영국에 있는 누군가를 불러들여 함께 지내달라는 내용의 편지를 썼다. 그런 내용을 쓰고 있자니 갑자기 불쾌한 기분이 밀려들었다. 나는 편지를 부치지 않고, 그냥 잘게 접어서 윗주머니에 찔러 넣었다.

이제 나는 도박꾼 무리에 끼어들었다. 포커게임은 새벽 두 시에 스피커를 통해 발표가 나올 때까지 계속됐다. 우리는 방수 처리된 전대에 돈을 집어넣었다. '그것_{상륙작전}'이 임박했다는 내용은 무자비할 정도로 계속 흘러나왔다.

1944년 6월 1~5일. 영국 웨이머스 항에 정박한 미국함선 체이스 호.
디데이의 세부 작전계획을 세우고 있는 수뇌부.

병사들은 내 몸에다 방독면, 공기를 넣어 부풀리는 구명대, 야전삽과 그 밖의 장비들을 달아주었다. 마지막으로 나는 값비싼 버버리 코트를 팔에 걸침으로써 병사들 중에서 가장 우아한 침략자가 되었다.

/

새벽 3시, 공격 전 마지막 아침이 나왔다. 체이스 호의 취사병들은 티 없이 깨끗한 흰색 상의를 갖춰 입고서 그날따라 유달리 정중하고 열성스럽게 핫케이크, 소시지, 계란, 커피 등을 내왔다. 그러나 병사들은 상륙작전에 모든 신경이 곤두선 탓인지 그 귀한 음식들을 대부분 남기고 말았다.

오전 4시, 전 부대원이 갑판에 정렬했다. 상륙용 주정은 하선 태세를 갖추고 크레인에 매달려 있었다. 첫 햇살을 기다리며 이천 명의 병사들은 완전한 침묵 속에 서 있었다. 각자 무슨 생각을 하든 그 순간만큼은 기도였다. 나도 잠자코 서 있었다. 푸른 들판, 핑크빛 구름, 풀을 뜯어먹는 양 떼들의 모습에서부터 지난날의 아름다운 추억들, 그리고 오늘 최고의 사진을 찍겠다는 생각에 이르기까지 거의 모든 일을 떠올리며. 누구 한 사람 초조한 기색을 보이는 이 없었다. 아무리 오랫동안 어둠 속에 서 있어야 한다 해도 전혀 개의치 않을 것 같았다. 그러나 태양은 그날이 여느 다른 날과 다르다는 것을 알지 못하는 듯 예정된 시간에 맞춰 무심히 떠올랐다.

공격 제1파 부대가 비틀거리며 상륙용 주정에 올랐다. 주정은 마치 저속 엘리베이터처럼 느리게 바다 위로 내려졌다. 거센 파도가 휘몰아쳤다. 주정이 모선을 채 벗어나기도 전에 우리는 물에 흠뻑 젖었다. 제아무리 아이젠하워 장군이라 할지라도, 발은 고사하고 온몸을 적시지 않고서는 영불해협을 건널 수 없을 게 분명했다.

얼마 안가 병사들이 구토를 하기 시작했다. 그러나 이번 상륙작전은 군인에 대한 예의를 최대한 갖췄을 뿐만 아니라 치밀하게 준비된 것이었기 때문에 이럴 때를 대비해 작은 종이봉지를 갖춰놓고 있었다. 구토물이 곧 주정 바닥에 깔렸다. 이런 현상은 지금까지의 모든 디데이에 관련된 우리의 아버지와 어머니에게도 있었던 것이라는 걸 나는 알고 있었다.

노르망디 해안까지 아직 수 킬로미터나 더 남은 해상인데도 적의 총성이 또렷하게 들려왔다. 우리는 잽싸게 엎드려 구토물이 꽉 들어찬 배 바닥에 배를 깔고, 가까워오는 해안선에서 눈을 돌렸다. 가장 먼저 해안에 병사를 내려놓고 체이스 호로 돌아가던 텅 빈 상륙용 주정이 우리 옆을 지나쳤다. 흑인 갑판장이 반갑다는 듯이 씩 웃으며 손가락으로 브이V자를 그렸다.

이제 사진을 찍을 수 있을 정도로 날이 밝았다. 나는 방수포로 만든 케이스에서 첫 번째 콘탁스 카메라를 꺼냈다. 상륙용 주정의 납작한 하부가 프랑스 땅에 닿았다. 갑판장은 강철을 덧씌운 주정 하선문을 내렸다. 해안에 삐쭉하게 튀어나온, 이상하게 생긴 모양의 철제 장애물 틈 사이로 안개에 뒤덮인 긴 해안선이 모습을 드러냈다. 바로 우리의 유럽, 즉 이지 레드 해안이었다.

'나의 아름다운 프랑스'의 풍경은 실로 황폐하고 끔찍했다. 설상가상으로 독일군 기관총 한 정이 상륙용 주정을 향해 총알을 퍼부어대는 통에, 아름다운 프랑스로의 귀환에 대한 나의 꿈은 더욱 철저하게 망가졌다. 주정에서 내린 군인들은 물을 헤치며 나아갔다. 상륙 저지용 장애물과 안개 자욱한 해안을 배경으로 허리까지 물에 잠긴 채 사격자세를 취하고 진군하는 병사들의 모습은 사진기자에게는 썩 쓸 만한 것이었다. 나는 실감나는 최초의 유럽상륙작전 장면을 사진에 담으려고 배의 하선문에 잠시 멈춰 섰다. 바로 그 때, 갑판장이 내 엉덩이를 힘껏 걷어찼다. 사진을 찍기 위해 자세를 잡는 내 행동을 뛰어내릴까 말까 망설이는 행동이라고 오해한 것이다. 물론 얼른 나를 내려놓고 가급적 빨리 그곳을 벗어나고 싶었을 그의 심정은 충분히 이해하고도 남음 직했다.

바닷물은 너무 차가웠고, 해안까지의 거리는 아직 100미터 이상 남아있었다. 내 주위로 총탄이 날아들어 물을 튀겼다. 나는 제일 가까운 철제 장애물을 향해 내달렸다. 병사 한 명도 나와 동시에 그 장애물 뒤로 뛰어들었다. 몇 분간 우리 둘은 장애물을 나눠 썼다. 그는 소총에서 방수포를 떼어내고는 연기에 가려 잘 보이지 않는 해안을 향해 총을 쏘아대기 시작했다. 그러더니 자기가 쏜 총소리에 용기가 났는지 장애물을 벗어나 앞으로 나아갔다.

장애물 뒤편에는 30센티미터 정도 여유가 더 생겼다. 그제야 안전하다고 생각한 나는 나처럼 장애물 뒤에 움츠리고 숨어있는 다른 병사들의 모습을 사진에 담기 시작했다. 아직 이른 새벽이었기 때문에 선명한 사진을 찍기에는 좀 어두운 편이었다. 그러나 회색빛 바다와 회색빛 하늘을 배경으로, 히틀러의 정책참모들이 디자인한 초현실주의 작품 같은 장애물 뒤에 작게 움츠린 병사들의 모습을 사진에 담으면 매우 효과적일 것 같았다.

바지 속에 스며든 바닷물은 차가웠다. 사진을 다 찍은 후 나는 썩 내키진 않았지만 내가 숨은 강철기둥에서 벗어나려고 여러 번 시도했다. 그러나 그때마다 적의 총탄이 나를 쫓아왔다.

약 50미터 전방에 반쯤 불탄 수륙양용장갑차 한 대가 수면 위로 삐져나와 있었다. 나는 그것을 두 번째 엄폐물로 점찍고서 상황을 정리해 보았다. 물에 젖어 묵직한, 우아한 버버리 코트는 팔에 걸치고 있어봐야 별 볼일 없을 것 같았다. 코트를 버리고 장갑차를 향해 돌진했다. 물에 떠다니는 시체 사이를 헤치고 장갑차에 도달해서 몇 장의 사진을 더 찍었다. 그런 다음, 해안으로 돌진하기 위해 마음을 추슬렀다.

독일군은 모든 화기를 총동원해 사격을 가하기 시작했다. 해안까지 마지막 25미터를 가는 동안 적의 포탄과 총탄에서 몸을 숨겨줄 만한 구멍은 전혀 찾아볼 수 없었다. 나는 장갑차 뒤에 계속 머물면서 스페인 내전 시절에 배운 짧은 문장을 입으로 중얼거렸다.

"Es una cosa muy seria. Es una cosa muy seria(일이 어렵게 되었구나)."

밀물이 들어오기 시작했다. 이제 바닷물은 윗주머니에 넣어둔, 가족에게 쓴 편지까지 적실 만큼 차올랐다. 마지막으로 돌진하는 병사 두 명을 방패 삼아 나는 가까스로 해안에 당도했다. 그러고는 몸을 던져 납작하게 엎드렸다. 내 두 입술이 프랑스 대지에 닿았다. 하지만 결코 키스할 마음은 생기지 않았다.

독일군에게는 아직 탄약이 충분했다. 나는 미친 듯이 기도했다. 잠시 땅속으로 꺼졌다가 나중에 다시 나올 수 있다면 얼마나 좋을까. 그러나 상황은 내 기도와 전혀 반대되는 방향으로 악화일로를 걸을 뿐이었다. 나는 고개를 옆으로 돌렸다. 바로 코 옆에 어젯밤 함께 포커를 쳤던 중위가 있었다. 그가 물었다.

"내가 방금 뭘 봤는지 알아?"

1944년 6월 6일, 노르망디 해안
오마하 해변에 상륙 중인
미군 공격 제2파 부대.

"내 머리가 자네 시야를 가리고 있어 아무것도 못 봤을 것 같은데."

그러자 그가 중얼거렸다.

"우리 엄마가 현관문에서 내 보험증권을 들고 흔드는 걸 봤어."

/

생로랑쉬르메르는 한때 프랑스 교사들이 휴가를 보내던, 시시하고 값싼 피서지였다. 그러나 1944년 6월 6일 그 해변은 전 세계를 통틀어 가장 추악한 해변이 됐다. 바닷물과 두려움에 기진맥진한 채 우리는 바다와 철조망 사이의 좁고 축축한 모래 위에 납작하게 엎드려 있었다. 그렇게 엎드려 있으면 모래턱의 경사가 기관총과 소총에서 쏟아지는 탄환을 어느 정도는 막아줬기 때문이다.

그런데 밀물이란 놈이, 제철을 만난 듯 총을 쏘아대는 철조망 쪽으로 우리를 자꾸만 밀어냈다. 나는 배를 땅에 댄 채 기어서 아일랜드 출신의 종군신부 래리 쪽으로 다가갔다. 그는 신참내기들에 비하면 욕을 썩 잘하는 친구였다. 그가 나를 향해 으르렁거렸다.

"젠장, 이 엿 같은 바보 프랑스 놈아! 이런 지랄 같은 대접을 받으러 다시 돌아왔나?"

신부의 욕지거리 섞인 말에 위안을 얻은 나는 두 번째 콘탁스 카메라를 꺼내 들고, 고개는 들지 않은 채 사진을 찍기 시작했다.

하늘에서 내려다보면 이지 레드 해안은 틀림없이 정어리 통조림을 따 놓은 모습이었을 것이다. 그 정어리 같은 각도로 고개를 처박고 사진을 찍어

댔으니, 내 사진의 전경은 모두 젖은 군화와 창백한 얼굴로 도배가 돼 있었다. 불타버린 탱크와 침몰하는 주정들을 배경으로, 군화와 병사들의 얼굴 윗부분은 포탄 파편에서 피어난 연기에 휩싸여 있었다.

래리는 젖지 않은 담배를 가지고 있었다. 나는 바지 뒷주머니에서 은으로 만든 포켓용 술병을 꺼내서 그에게 내밀었다. 그는 머리를 옆으로 기울이고, 입 한쪽 끝으로 술을 들이켰다. 그러더니 술병을 내게 돌려주지 않고 또 다른 친구인 유태인 군의관에게 내밀었다. 군의관도 래리와 같은 동작으로 한입 들이켰다. 나도 그들처럼 입 한쪽으로 마셔봤는데, 술 마시기가 아주 수월했다.

또 다른 박격포탄 한 발이 날아와 철조망과 바다의 중간 지점에 떨어졌다. 그 파편에 병사 한 명이 죽었다. 이지 레드 해안에서 두각을 나타낸 최초의 두 사람은 바로 아일랜드 태생의 종군신부와 유태인 군의관이었다. 나는 그 순간을 놓치지 않고 카메라로 찍었다. 전보다 훨씬 더 가까운 곳에 포탄 한 발이 또 떨어졌다. 나는 전혀 겁먹지 않고 콘탁스 카메라 파인더에 눈을 댄 채 미친 듯이 셔터를 눌러댔다.

일 분도 채 지나지 않아 카메라가 먹통이 됐다. 장착한 필름 한 통을 다 써버린 것이다. 나는 가방에 손을 넣어 새 필름을 찾았다. 그러나 손이 젖은 데다 심하게 떨렸기 때문에 필름은 카메라에 들어가기도 전에 망가지고 말았다.

나는 그 상태로 잠시 정지해있었다. 곧 두려움이 몰려오기 시작했다. 속이 텅 빈 카메라가 내 손에서 떨리고 있었다. 전혀 새로운 공포에 휩쓸려 머리에서 발끝까지 내 온몸이 떨리기 시작한 것이다. 얼굴마저 일그러졌다. 나는 야전삽을 떼어내 모래에 구멍을 파내려고 발버둥쳤다. 삽 끝에 돌이 하나 걸려 나왔다. 나는 그 돌을 멀리 내던졌다. 병사들은 모두 꼼짝 않고 엎드려 있었다. 해안선의 시체들만이 파도에 쓸려 이리저리 뒹굴 뿐이었다.

상륙용 주정 한 대가 포격을 무릅쓰고 다가와서는 철모에 십자가 표시를 한 위생병들을 쏟아냈다. 나는 아무런 생각도, 또 결정도 하지 않았다. 그저 벌떡 일어나서 그 주정을 향해 달렸을 뿐이다. 해안에 뒹구는 시체들 사이를 헤집고 바다로 걸어 들어갔다. 목덜미까지 바닷물이 차올랐다. 거센 밀물이 내 몸을 때렸고, 세찬 파도는 철모를 쓴 얼굴 아래쪽을 후려쳤다. 나는 사진기를 머리 위로 높이 치켜 올렸다. 순간 나는 자신이 비겁하게도 전장에서 도망치고 있다는 것을 깨달았다. 다시 돌아가려고 허둥댔지만 내 몸은 도저히 해안 쪽으로 돌아서지지 않았다. 나는 스스로를 위로했다.

"다만 손을 말리려고 저 배로 가는 것일 뿐이야."

내가 배에 도착했을 때 마지막 남은 위생병이 뛰어내리려 하고 있었다. 나는 배 위로 기어 올라갔다. 갑판 위로 올라서는 순간 나는 충격을 느꼈고, 순식간에 내 몸은 깃털을 뒤집어쓰고 말았다. '도대체 이게 뭘까? 누가 닭이라도 잡은 걸까?'라고 생각하며 선교를 쳐다보았다. 그러나 선교는 포격에 날아가 버리고 아무것도 남아있지 않았다. 깃털은 그 자리에 있다가 선교와 함께 날아가 버린 병사들의 케이폭판야나무의 씨를 싸고 있는 솜으로 구명대, 방한복 등의 충전재로 사용됨 방한복에서 터져 나온 충전재였다. 배의 지휘관은 선교와 함께 날아가버린 부하들의 살점을 온몸에 뒤집어쓰고는 피투성이가 된 채 울부짖고 있었다.

배가 기울기 시작했다. 겨우 해안에서 떨어져 나온 우리 배는 침몰하기

1944년 6월 6일, 오마하 해변 앞바다.
부상당한 제1파 부대 병사들이 의료수송선에 실려 후송되고 있다.

1944년 6월 6일, 오마하 해변 앞바다.
전사한 제2파 부대원들의 시체.

전에 모선으로 되돌아가기 위해 안간힘을 썼다. 나는 기관실로 내려가 손을 말리고, 카메라 두 대에 필름을 새로 장착했다. 서둘러 갑판 위로 다시 올라온 나는 포연이 자욱한 노르망디 해안의 모습을 마지막으로 사진에 담았다. 수혈하고 있는 승무원의 사진 몇 장도 함께.

상륙용 주정 한 척이 옆으로 다가와서는 가라앉기 시작한 우리 배의 사람들을 옮겨 태웠다. 거친 파도 위에서 중상자를 옮겨 싣는 것은 힘겨운 일이었다. 나도 사진 찍기를 그만두고, 들것을 들어 옮기는 일을 부지런히 거들었다.

상륙용 주정은 불과 6시간 전에 내가 하선했던 미국 함선 체이스 호로 다시 돌아왔다. 갑판은 부상을 입고 돌아온 병사들과 싸늘한 시체로 돌아온 병사들로 만원이었다. 마침 체이스 호에서는 제16보병연대의 마지막 상륙부대가 하선하고 있었다. 내가 해안으로 다시 돌아갈 수 있는 마지막 기회였다. 그러나 나는 가지 않았다. 새벽 3시에 흰색 제복을 입고, 흰색 장갑을 끼고 우리에게 커피를 제공했던 취사병들은 지금은 피투성이가 된 채 시체를 흰 자루에 담은 뒤 그 입구를 꿰매고 있었다. 선원들은 뱃전에 서서 가라앉고 있는 상륙용 주정에서 들것을 끌어올리고 있었다. 나는 카메라 셔터를 누르기 시작했다. 그리고 잠시 후 정신을 잃었다.

/

눈을 뜬 곳은 침상이었다. 벌거벗은 내 몸에 까칠까칠한 담요가 덮여 있었다. 목에는 '탈진, 신원 미상'이라고 적힌 종잇조각이 매달려 있었다. 테이블 위에 놓인 카메라를 보고서야 나는 내가 누구인지 생각이 났다.

옆 침상에도 젊은 남자 한 명이 벌거벗은 채로 천장을 바라보고 누워 있었다. 그의 목에는 '탈진'이라고만 적힌 카드가 달려 있었다. 그가 입을 열었다.

"나는 겁쟁이였어."

그는 공격 제1파 보병부대에 앞서 출동한 수륙양용장갑차 열 대에 탔던 병사 중에서 유일하게 살아 돌아온 사람이었다. 장갑차는 모두 거센 파도에 휩쓸려 침몰해 버렸던 것이다. 그는 자기가 해안에 오르지 못한 것이 후회스럽다고 했다. 나는, 나 역시 해안에 머무르지 못한 게 얼마나 후회스러운지 모른다고 말했다.

배의 엔진이 굉음을 내기 시작했다. 우리가 탄 배가 영국으로 돌아가는 것이었다. 그날 밤 내내 장갑차에서 살아 돌아온 그 병사와 나는 가슴을 치며 슬퍼하고, 우겨댔다.

"비겁한 놈은 오히려 나야, 나란 말이야."

/

다음날 아침 배는 웨이머스에 입항했다. 부두에는 상륙작전 종군 허가를 받지 못해 기사에 굶주려 있던 스무 명의 신문기자들이 우리를 기다리고 있었다. 제일 먼저 해안 교두보를 밟았다가 다시 돌아온 병사들의 경험담을 취재하기 위해서였다.

나는 기자들로부터 오마하 해안 작전에 배속되었던 다른 사진기자 한 명이 나보다 두 시간 빨리 돌아왔으며, 지금 엄청난 특종사진을 가지고 런던으로 돌아가고 있다는 말을 들었다. 그러나 그 기자는 모선을 떠난 일도, 해안에 발을 디딘 적도 없다는 걸 나는 잘 알고 있었다.

나는 영웅 대접을 받았다. 나를 런던까지 비행기로 모셔서 방송에 내 경험담을 내보내자는 제의까지 받았다. 그러나 지난밤 일을 아직도 생생하게 기억하고 있는 나는 그 제의를 거절했다. 나는 필름 몇 통을 가방에 챙겨 넣고, 옷을 갈아입었다. 그리고 서너 시간 후 제일 빠른 배를 타고 다시 프랑스의 해안교두보로 되돌아갔다.

1주일 후 나는 이지 레드에서 찍은 내 사진이 이번 상륙작전에서 가장 훌륭한 사진이었다는 사실을 알게 됐다. 그러나 암실 조수가 흥분한 탓인지 네거티브를 건조시키는 중에 너무 많은 열을 가하는 바람에 유제가 녹아버리는 일이 발생했다. 그 일로 인해 내 필름은 〈라이프〉 런던 사무실 직원들이 보는 바로 앞에서 망가지고 말았다. 내가 찍은 총 106장의 사진 중에서 건진 것은 고작 8장 정도였다. 〈라이프〉는 열을 받아 흐려진 사진 하단에 '카파의 손은 몹시 떨리고 있었다'는 설명을 붙였다.

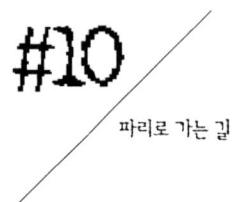
#10
파리로 가는 길

그날 밤 해안에 다시 돌아온 나는 어떤 노르만 사람의 농가 헛간에서 동료들을 만나게 되었다. 그곳에서 동료들은 프랑스 입성 이래 최초로 보도캠프를 차려놓고 있었다. 그들은 헛간 바닥에 짚을 깔고, 반쯤 탄 촛불 두 개 주변에 빙 둘러 앉아 1갤런짜리 작은 나무통에서 노란색 술을 따라 마시고 있었다. 타자기는 닫아서 테이블로 사용하고 있었다.

디데이로부터 이틀째 되던 날이었다. 술은 노르망디산 사과로 만든 브랜디인 칼바도스였다. 그 파티는 나를 추모하기 위한, 일종의 프랑스식 장례식 밤샘이었다. 어느 하사관이 카메라를 목에 건 내 시체가 바다에 떠다니는 걸 보고는 전사자로 신고한 모양이었다. 내가 실종된 지 48시간이 지났고, 게다가 나의 사망이 공식적으로 확인까지 되었으니 검열관은 내 부고를 승인했던 것이다.

그런데 술에 굶주린 내 영혼이 돌연히 환생하여 이승에 다시 나타났으니, 그동안 헛되이 쏟은 눈물을 생각하면 동료들이 얼마나 분했겠는가. 그런데도 그들은 기꺼이 나를 칼바도스 파티에 끼워주었다.

1944년 6월, 오마하 해변.
디데이 상륙작전 이후의 해변 풍경.

상륙군 2십만 명에게 칼바도스를 공급하기에는 우리 교두보가 너무 협소했다. 그 끔찍한 술값은 우리가 전선을 셸부르 해안에까지 확장할 준비를 마치고 공격을 감행할 무렵에는 벌써 네 배나 뛰어 있었다. 셸부르는 중요한 항구였다. 게다가 첩보에 의하면 독일군 요새에 히틀러의 국방군이 징발해놓은 프랑스산 고급술이 군용트럭 한 차 분량이나 보관돼 있다고 했다. 첩보에는 또 모든 구경의 총들도 그곳에 다량으로 보관돼 있다고 언급해놓고 있었는데, 그것은 별로 반갑지 않은 소식이었다.

나는 제9보병사단에 합류해 공격을 따라갔다. 그 부대는 전투경험이 가장 풍부한 군대였고, 지휘관인 에디 소장은 무조건 밀어붙이는 식의 저돌적인 인물이었다. 독일군은 그들의 요새에서 완강하게 저항했지만, 그렇다고 최후의 한 사람까지 싸울 정도로 완강하지는 않았다. 단지 위협이 될 만큼 가깝게 접근한 최초의 미군 병사에게만 완강하게 저항했을 뿐이다. 그러고 나서는 손을 내밀면서 "캐머라드! *Kamerad*, 친구라는 뜻으로, 독일군 병사가 항복할 때 외쳤던 말"라고 외치고는 담배를 나눠달라고 요구했다. 우리 사단은 토치카를 하나하나씩 공략해 나갔다. 나는 다시 기운을 차리고, 접근전 사진을 많이 찍었다.

셸부르에 대한 최후 공격이 있는 날 아침, 나는 제47연대 소속 부대에 합류했다. 어니 파일과, 〈타임〉과 〈라이프〉의 지국장이자 내가 존경하는 우두머리인 찰스 워튼베이커도 함께 갔다. 제47연대를 택한 것은 이 부대가 시내에 가장 먼저 진군할 것 같다는 우리의 육감 때문이었다.

적의 총격에는 넌더리가 났지만, 그렇다고 뒤쳐지기에는 너무나 술이

고팠다. 셀부르의 첫 시가지에 들어서자 비가 억수같이 내리기 시작했다. 독일군들이 창문 뒤에서 우리를 저격하고 있었기 때문에 우리는 벽에 바짝 붙은 채 엄폐물을 찾아 이 문에서 저 문으로 뛰어다녔다.

그 와중에 찰스는 인디언 놀이를 하기에는 자기가 너무 늙었다고 말했다. 이에 질세라 어니 파일은 자기는 너무 늙고 겁이 많아서 이 놀이에 어울리지 않는 것 같다고 응수했다. 나도 한마디 거들었다.

"나는 너무 어려서 인디언 놀이를 못하겠어요. 게다가 이렇게 비까지 퍼부으니 사진도 못 찍겠고…."

우리 셋은 셀부르 시내에 가장 먼저 입성한 기자가 된다는 사실에는 별 관심이 없었다. 하지만 고급술이 그득하게 쟁여져 있다는 창고에는 꼭 가보고 싶었기 때문에 부대 꽁무니에 바짝 붙어서 진군을 계속했다.

드디어 우리는 첫 번째 목적지에 도달했다. 셀부르 육군병원이었다. 부상을 당해 포로로 잡혀있던 제82공수사단 소속 아군 250여 명이 해방됐다. 그들과 함께 최고급 프랑스산 포도주 상당량도 지하실로부터 해방되었다. 어니 파일은 포로들에게로 갔고, 찰스는 독일군 군의관을 면담했다. 나는 지하실로 직행했다.

제47연대 소속의 병사란 병사는 모두 지하실로 내려온 것 같았다. 내가 내려갔을 때는 모두들 손과 웃옷과 바지주머니 한가득 포도주를 챙기고 난 후라 지하실은 비어있었다. 나는 병사 한 명을 붙잡고 한 병만 달라고 애원했다. 그는 웃으며 말했다.

"안 될 소리! 당신이 어니 파일이라면 몰라도…."

나는 전략을 수정해서 다른 병사에게 매달렸다.

"어이, 내 친구 어니 파일한테 갖다 주게 한 병만 얻읍시다."

그랬더니 그 병사가 선뜻 술을 내주는 게 아닌가. 순식간에 나는 그런 식으로 베네딕틴_{프랑스에서 가장 오래된 리큐어의 하나}과 브랜디를 전리품으로 챙겼다. 찰스와 어니 파일 둘 다 그 일에 대해서는 불평 한마디 하지 않았다.

한편, 에디 장군도 자신의 전리품을 챙겼다. 그것은 셸부르의 독일군 사령관인 칼 폰 슈리펜 장군으로, 그는 우리가 생포한 최초의 고위급 독일군 포로였다. 나는 그의 사진을 꼭 찍고 싶었다. 그러나 그는 내게서 등을 돌리고 포즈를 취해주지 않았다. 그가 부관에게 말했다.

"언론의 자유랍시고 떠들어대는 미국신문이라면 지긋지긋해."

나도 독일어로 한마디 응수했다.

"나도 이제 싸움에 패한 독일군 장군을 찍는 일에는 넌덜머리가 납니다."

내 말에 격분한 그가 나를 향해 홱 돌아섰다. 나는 그 순간을 놓치지 않고 사진에 담았다. 아마도 그보다 더 좋은 사진은 나올 수 없으리라!

/

우리 제1군은 생로를 돌파하여 독일군 방어선을 뚫었다. 그 틈으로 패튼 장군이 이끄는 중기갑부대로 구성된 제3군이 밀고 들어갔다. 나는 재빠르게 움직이는 제4기갑사단에 합류해 해안도로를 따라 브르타뉴로 전진했다. 도로 양 옆에는 프랑스 사람들이 우리를 반기며 "Bonne Chance(행운을 빌어요)!"를 외치고 있었다. 이정표도 우리가 반가운 듯 '파리까지 90킬로미터, 80킬로미터'라며 길안내를 해주었다.

1944년 6월 26일, 프랑스 셸부르
독일군 사령관 칼 폰 슈리펜 장군(왼쪽)

1944년 6~7월, 노르망디.
미군 헌병에게 몸수색을 당하고 있는 나치 친위대 장교.

1944년 6~7월, 노르망디.
전진하는 미군 병사들.

진군 초기에 지나친 마을들은 아군의 집중 공습을 받아 심한 피해를 입은 상태였다. 아군 전략폭격대가 퇴각하는 독일군의 병참선을 차단하기 위해 그 마을들에 폭격을 가했던 것이다. 그런 마을의 주민들은 우리를 보아도 그리 많이 기뻐하지 않았다. 그들은, 우리가 무고한 프랑스 마을들에 퍼부은 폭탄만큼의 무기를 프랑스 레지스탕스 조직에 주었다면 독일군은 더 많이 사살됐을 것이고, 프랑스인은 덜 희생됐을 것이라며 아군을 비난했다. 또 그렇게만 됐으면 연합군은 더 큰 성공을 거두었을 것이라고도 했다.

작은 해안 마을인 브레알은 우리가 들른 마을 중에서 전쟁의 피해를 입지 않은 최초의 마을이었다. 독일군은 퇴패 중이었고, 우리는 즉각 공략을 개시했다. 그 마을 사람들은 모두 우리의 입성을 기뻐했다. 음식은 훌륭했고, 술집에서는 처음 한 잔의 포도주는 공짜로 내주었다.

이 작은 마을의 레지스탕스는 용감했고, 그 조직도 잘 짜여 있었다. 어린 소년과 소녀들은 어깨에 총을 멘 채 우리를 찾아와서는 제발 자기들을 마음대로 써 달라고 했다. 그들의 회합장소는 쁘띠 호텔이었다. 그날 밤 나는 그 호텔에 내 개인 사령부를 두기로 했다.

호텔 주인은 레지스탕스 단원이었다. 그는 그날의 회합을 위해 마지막 남은 최고급 샴페인 한 병을 감춰두고 있었다. 그는 몸매가 늘씬한, 젊은 여자 레지스탕스 대원 두 사람을 불렀다. 우리는 샴페인 병을 따고 떠들썩한 축제를 벌였다.

제1보병사단의 젊은 소령 폴 게일이 지극히 개인적인 시찰을 나왔다가 그곳에 모습을 드러냈다. 그는 그 전투지구와는 전혀 관계가 없는 사람이었지만, 나와는 전부터 알고 지내던 사이였기 때문에 우리 파티에 합류했다.

1944년 6~7월, 노르망디.
아군의 집중 공습을 받아 폐허가 된 마을.

1944년 8월. 노르망디 알랑송. 미군의 입성을 환호하는 주민들.

1944년 8월, 샤르트르,
독일군 병사를 체포한 레지스탕스 대원들.

샴페인 병은 금세 바닥이 났다. 주인은 마지막 술이 한 병 더 남아있을 것 같다고 했다. 그렇게 그날 저녁 우리가 해치운 '마지막 한 병'이 대체 몇 병이나 됐는지 모른다. 게일 소령은 여성 대원들에게 지르박을 가르쳐 주었고, 그녀들은 그에게 기초적인 프랑스 말을 몇 마디 가르쳐 주었다.

자정이 되자 주인은 꾸벅꾸벅 졸기 시작했다. 여성 대원들은 총을 어깨에 둘러메고, 아버지가 엄격한 편이라 혼날지도 모른다며 서둘러 가야한다고 말했다. 게일 소령도 장군이 자기를 찾을지 모른다며 걱정하기 시작했다.

나도 잠을 청했다. 한창 깊이 잠들었을 때, 문이 거세게 덜거덕거리더니 게일 소령의 말 잘 듣는 뚱보 운전병이 방안으로 뛰어들어왔다. 셔츠는 찢어지고 피가 묻은 채로. 너무 흥분해서 가쁜 숨을 몰아쉬며 얘기하는 통에 나는 그의 말을 잘 알아들을 수 없었다. 얼마간 고생을 한 끝에 파악한 그의 사연은 이러했다.

술자리에서 나온 후 게일 소령은 너무나 기분이 좋아서 곧장 사단으로 돌아가지 않았다. 그는 자신이 할 수 있는 최소한의 일은 프랑스의 한 마을을 해방시키는 거라고 생각하고, 그 대상으로 그랑빌을 점찍었다. 거리도 불과 32킬로미터밖에 안 떨어져 있는데다 마을의 크기도 적당해서 거사를 치르기에 충분하다고 판단했던 모양이다. 그리하여 소령은 운전병과 단 둘이서 그랑빌로 쳐들어가서 그곳을 점령한 독일군과 총격전을 벌였다. 그런데 그곳에는 예상 외로 많은 수의 독일군이 있었다. 그러자 게일 소령은 자기 혼자 어둠 속에서 독일군을 저지하고 있을 테니 증원군을 데려오라고 운전병을 보낸 것이다. 운전병은 자기 상관이 죽는 걸 원치 않는다며 서둘러 달라고 내게 애원했다.

나는 제4기갑사단을 향해 헐레벌떡 달려갔다. 사단에서는 게일 소령이 살아있다고 하더라도 군법회의에 회부될 것이며, 더구나 사단은 그랑빌을 우회하라는 명령을 받은 상태라고 말했다. 그러면서도 결국은 장갑정찰차 세 대를 내게 붙여주었다.

　우리가 그랑빌에 도착한 것은 동틀 무렵이 조금 지나서였다. 그런데 마을이 축제의 열기로 들썩이고 있는 게 아닌가. 동사무소에는 프랑스 국기인 삼색기와 성조기가 펄럭이고 있었고, 게일 소령은 자유프랑스 대원들의 어깨 위에 올라타고 이리저리 돌아다니고 있었다. 그의 뒤를 따르는 행렬들은 프랑스 국가인 '마르세예즈'를 부르고 있었다. 한편, 독일군에 동조했던 마을 여인들은 한 장소에 끌려나와 머리를 삭발당하고 있었다.

　예상을 뒤엎은 상황에 너무도 놀라워하는 내게 게일 소령은 짤막한 설명을 해주었다. 그가 한밤중에 독일군과 총격전을 주고받고 있는데, 콧수염을 더부룩하게 기른 작은 체구의 사내가 구식 총을 들고 와서 그와 한편이 되어 싸우다가 '프랑스 내무군'이라는 레지스탕스가 숨어있는 곳으로 그를 데리고 갔다. 게일은 자신이 지휘를 맡고, 그 콧수염을 수석참모로 임명했다. 그리고 이어진 전투에서 그 콧수염은 한 마리 사자처럼 용감하게 싸웠으며, 그들은 모두 독일군 열일곱 명을 사살하고, 백오십 명을 생포한 것이다.

　정오 무렵에 축제는 막을 내렸다. 게일 소령은 당당한 모습으로 그 콧수염의 양 볼에다 입을 맞추고, 간밤의 전우들과도 작별인사를 나누었다. 우리는 무척 지쳐 있었고, 배도 고팠다. 게일과 운전병과 나는 괜찮은 레스토랑을 찾아 나섰다. 그랑빌 사람들은 하나같이 그랜드 호텔이 딱일 거라고 추천했다. 우리는 그곳을 찾아갔다. 괜찮아 보이는 곳이었다.

식당은 얼룩 하나 없이 깨끗했고, 테이블도 차려져 있었다. 꽤 소박해 보이는 검정색 옷을 입은 덩치 큰 여인이 아페리티프^{반주로 마시는 술의 일종} 병에 둘러싸인 채 카운터에 앉아있었다. 그녀는 우리를 수상쩍다는 듯 흘깃 쳐다보고는 자리에 앉으라고 말했다. 그러고는 주인을 불렀다. 눈처럼 하얀 앞치마를 두르고, 머리에는 높다란 주방장 모자를 쓴 주인이 나타났다. 그는 바로 자그마한 체구의 그 콧수염이었다. 그가 메뉴판을 들고 우리에게 와서는 카운터의 여인을 힐끗 쳐다보며 말했다.

"그런데 여기 계산은 누가 하는 거지?"

/

모든 사람들이 다 유쾌한 시간을 보낸 것은 아니었다. 패튼 장군의 기갑부대들은 별다른 저항을 받지 않고 전진했지만, 보병부대는 패튼 장군의 배후를 차단하려는 독일군에 맞서 사투를 벌여야 했다.

헤밍웨이도 프랑스 진군이 개시된 이후로 제4보병부대와 함께 행동하고 있었다. 그가 그랑빌에 머물고 있는 나에게 편지를 보냈다. 보병부대는 사진기자에게 꽤 도움이 될 만한 전투를 많이 벌이니 전차 뒤만 따라다니는 얼간이 같은 짓은 그만두라는 내용이었다. 그는 또 최근에 독일군에게서 빼앗은 고급 메르세데스 벤츠 한 대를 딸려 보내니 그걸 타고 오라고 했다. 썩 마음이 내키지는 않았지만 나는 그 차에 실려 그가 있는 전장으로 향했다.

마흔여덟 바늘이나 꿰맸던 파파의 머리에는 아무런 흉터도 보이지 않았다. 무어라 표현하기도 거북했던 턱수염은 밀어버리고 없었다. 그가 생기를 띠며 나를 맞았다. 제4사단의 명예 군인이 된 그는 문학적 명성만큼이나 군사에 정통한 지식과 용맹함으로 많은 사람들의 존경을 받고 있었다.

헤밍웨이는 사단 내에서 자기 휘하의 소규모 병력도 거느리고 있었다. 사령관인 바튼 장군이 테디 루스벨트 장군의 전 부관이었던 스티븐슨 중위를 그의 공보장교로 임명했을 뿐 아니라, 취사병에 운전병에 모터사이클 우승경력이 있는 사병을 사진사로 붙여주었다. 그 외에도 그는 스카치위스키 상당량도 확보해놓고 있었다.

공식적으로 그들은 모두 공보부부 소속 병사들이었지만 파파의 영향을 받아 피에 굶주린 한 무리의 아메리칸 인디언으로 변해 있었다. 파파는 무기 휴대가 금지된 종군기자 신분이었지만, 그의 특수기동대는 독일제에서 미제까지 다양한 무기를 갖추고 있었다. 심지어 그들은 기동력도 갖추고 있었다. 메르세데스 벤츠 말고도 사이드카가 딸린 오토바이까지 포획해놓은 것이었다.

파파는 나에게 3~4킬로미터 떨어진 곳에 재미있는 전투가 벌어지고 있으니 함께 가서 살펴보자고 했다. 우리는 위스키 몇 병과 기관총 두세 정, 수류탄 한 뭉치를 사이드카에 싣고, 공격이 진행되고 있다고 판단되는 방향을 어림잡아 출발했다.

제4사단의 제8연대는 작은 마을을 탈환하기로 예정돼 있었는데, 파파는 그 점까지도 염두에 두고 있었다. 그 연대는 이미 한 시간 전에 마을 좌측에서 공격을 개시한 상태였다. 따라서 마을 우측에서 진입하면 별 어려움 없이 손쉽게 마을로 밀고 들어갈 수 있을 거라는 게 파파의 생각이었다.

파파는 지도를 펴 보이면서 얼마나 쉬운 일인가를 설명했지만, 나는 영

마음이 내키지 않았다. 그러자 그는 불쾌하다는 듯 나를 쳐다보면서 따라오지 않아도 된다고 말했다. 나는 어쩔 수 없이 그의 계획에 따랐다. 그러나 나는, 헝가리 사람의 전술은 대규모 병력의 뒤를 따르는 것이지 이렇게 군인도 없이 단독으로 앞질러가는 것은 아니라는 점을 강조하면서, 앞으로도 계속해서 파파에게 이의를 제기할 것이라고 분명히 입장을 밝혔다.

우리는 마을로 이어진 길을 따라 앞으로 나아갔다. 파파와 빨강머리 운전병과 오토바이에 탄 사진사가 선두에 서고, 스티븐슨 중위와 나는 5미터 정도 거리를 두고 그들을 뒤따랐다. 우리는 자주 차를 세워 지도를 확인하면서 신중하게 앞으로 나아갔다.

마침내 우리는 마을 바로 초입의 커브 길에 다다랐다. 마을 쪽에서는 한 발의 총성도 들려오지 않았다. 나는 오히려 그 점이 더욱 불길하게 느껴졌다. 파파는 그런 나를 비웃었다. 나는 그를 따라가면서 지금까지보다 훨씬 더 강하게 이의를 제기했다.

파파가 막 커브를 도는데, 그에게서 불과 10미터쯤 떨어진 곳에 엄청난 파워가 느껴지는 무언가가 쉬익 소리를 내면서 떨어졌다. 박격포탄 한 발이 터진 것이다. 그 바람에 파파는 공중으로 붕 떴다가 길 옆 도랑에 처박혀버렸다. 사진사와 붉은 머리 운전병은 잽싸게 오토바이를 내버리고 내가 있는 쪽으로 되돌아왔다. 우리 네 사람이 있는 쪽은 충분히 몸을 숨길 수 있는 위치였지만 파파가 있는 쪽은 그렇지 못했다. 게다가 도랑의 깊이도 얕아서 그 속에 엎드린 파파의 등은 적어도 1인치 정도 위로 튀어나와 있었다.

예광탄 여러 개가 파파의 머리 바로 위쪽 땅에 떨어졌고, 마을 입구의 독일군 경전차는 쉴 새 없이 사격을 가하고 있었다. 파파가 장장 2시간 동안 그곳에서 죽은 듯 처박혀 있은 후에야 독일군은 한발 늦게 도착한 제8연대라는 강적을 만나게 되었다.

그 틈을 타 우리가 있는 커브 지점으로 달려온 파파는 화가 나서 펄펄 뛰었다. 그는 독일군보다는 오히려 내게 더 격분해있었다. 내가 자신의 위급한 상황을 보고도 손을 쓰려고 애쓰기는커녕, 오히려 저명한 작가의 최후를 최초로 사진에 담기 위해 기다리고 섰었다는 것이다.

그날 밤 내내 이 전략가와 헝가리 출신 군사전문가 사이에는 다소 긴장감이 감돌았다.

/

파리로 가는 길이 우리를 손짓해 부르고 있었다. 제3군은 파리에서 95킬로미터쯤 떨어진 라발^{프랑스 북서부 페이드라루아르 주에 있는 도시}에 도착했다. 나는 서둘러 그들을 뒤쫓아 갔다. 군데군데서 소규모 접전을 벌이고, 퇴패한 독일군을 대거 포로로 잡고, 공식성명에 새로운 마을 이름을 하나 더 올린 끝에 아군은 랑부예^{프랑스 중북부 일드프랑스 주에 있는 도시}에 입성했다. 그곳은 파리 입성 전에 우리가 머문 마지막 주둔지였다. 아군은 한동안 랑부예에 머물 수밖에 없었다. 이번에는 정치적인 이유 때문이었다.

파리 시민들은 봉기를 일으켜 독자적으로 독일군과 시가전을 벌이고 있었다. 연합군 최고사령부에서는, 이런 상황에서는 드골 장군 휘하에 신규 편성된 부대의 핵심인 제2기갑사단을 해방군의 선봉으로 파리에 들여보내는 게 가장 그럴싸한 전술이라고 결론 내렸다. 드골 장군의 제2기갑사단은 미국이 보급한 병기로 완전무장하고 있었다.

프랑스 사단은 랑부예에 집결하여 최후 돌격 준비를 갖추었다. 그 사단은 잘 섞인 한 잔의 칵테일처럼 각양각색의 전투병들로 혼합된 부대였다. 구성원은 리비아 사막에서 몽고메리 장군과 함께 이름을 드날렸던, 지금도 여전히 빨간 방울이 달린 그 오래된 검은 베레모를 정수리에 눌러쓴 프랑스 해병대, 스페인 공화당원, 검은 피부의 세네갈 병사, 그리고 독일군 포로수용소에서 탈출한 프랑스 군인들이었다. 그들은 모두 전사다운 느긋한 미소를 머금고 있었다.

그들 외에도 랑부예에는 세계 최고의 타이피스트들과 종군기자들이 모여 들었다. 그들은 저마다 가장 먼저 파리에 입성하여, 한때 화려했던 도시의 역사적 순간을 취재하기 위해 서로 힘을 모으거나 경쟁하고 있었다.

헤밍웨이는 자유프랑스 단원들과 신문기자들보다 훨씬 먼저 랑부예에 도착해있었다. 그가 거느린 4인 부대는 열성적인 레지스탕스 청년 몇몇을 소집해, 15명으로 불어나 있었다. 그 혼합군은 파파의 뚱뚱한 뱃사람 같은 걸음걸이를 따라하고, 각자 다른 나라 말로 입 언저리에서 짧은 문장을 내뱉듯이 말하는 등 파파를 닮아 있었다. 그 부대는 또 일개 사단이 보유한 것보다도 더 많은 수류탄과 브랜디를 보유하고 있었다. 또 밤이 되면 랑부예와 파리의 중간 지점으로 진격, 독일군 잔당을 못살게 굴었다.

얼마 전 일로 감정이 상한 파파는 헝가리 출신 군사전문가에게 끼어들 여지를 주지 않았다. 그래서 나는 파리 진격 때 사용하기 위해 지프를 준비해놓고 있던 찰스 위튼베이커와 다시 합류했다.

8월 24일, 프랑스군은 탱크의 덮개를 둘둘 말아 올리고는 파리를 향해 발진했다. 25일 밤, 우리는 '오를레앙 가도에서 파리까지 6킬로미터'라고 적힌 도로 표지판 아래에서 야영을 했다. 그동안 무수한 표지판 아래에서 야영을 해봤지만, 그날만큼 좋았던 적은 없었다.

다음날 아침 태양이 떠오르자마자 우리는 이 닦는 것조차 생략하고 서둘렀다. 탱크는 벌써 굉음을 내며 포장도로 위를 굴러가고 있었다. 파리 입성을 목전에 둔 경사스런 그날 아침에는 운전병인 스트릭랜드 이등병조차도 버지니아 사람 특유의 매너를 잊어버리고, 5분마다 근엄한 보스의 옆구리를 쿡쿡 찔러댔다.

파리를 3킬로미터 남겨둔 지점에서 프랑스 제2기갑사단 소속 탱크 한 대가 우리가 탄 지프를 막았다. 우리는 더 이상은 앞으로 나아갈 수 없다는 얘기를 들었다. 르클레르 장군이 프랑스 제2군 외에는 그 누구도 파리 시내로 들여보내서는 안 된다는 엄명을 내렸다고 했다. 모르긴 몰라도 그 늙은이는 엄청 재수 없는 사람임이 분명했다.

나는 지프에서 내려와 전차병들에게 따지기 시작했다. 그들이 사용하는 프랑스 말에 스페인 억양이 배어 있다고 생각하고 있는데, 탱크의 이름이 눈에 들어왔다. 포탑에 '테루엘스페인 테루엘 주의 주도로, 스페인내전 당시 우익반군이 이곳을 점령해 스페인을 둘로 갈라버림으로써 남북으로 병력이 갈라진 공화파가 내전에서 패배하는 결정적 계기가 된 곳'이라고 적혀 있었다.

1937년 겨울, 스페인 공화파 사람들과 함께 행동하던 시절에 나는 그들에게 최대의 승리 중 하나인 테루엘 전투에 참가한 적이 있었다. 나는 전차병들에게 스페인어로 소리쳤다.

"나를 막는 것은 부당한 처삽니다. 나는 당신들과 같은 사람이었소. 나도 그 지독히도 냉혹했던 테루엘 전투에 함께 있었단 말입니다."

"만약 그게 사실이라면, 당신이 진실을 말하고 있다면, 당신은 진정한 우리의 형제요. 자! 이리 올라와서 이 테루엘 탱크를 타고 함께 파리로 갑시다."

나는 탱크에 올라탔다. 찰스와 스트릭랜드는 지프를 몰고 우리 뒤를 따랐다.

파리로 가는 길은 거칠 것이 없었다. 파리 시민들은 모두 거리로 뛰쳐나와 제일 먼저 도착한 탱크를 만졌고, 제일 먼저 도착한 병사에게 키스했으며, 노래를 부르고, 눈물을 흘렸다. 그렇게 이른 아침에 그렇게 많은 사람들이 그렇게 기뻐했던 적은 일찍이 없었을 것이다.

파리 입성은 특별히 나를 위해 마련된 것 같은 느낌이 들었다. 적국인인 나를 받아들여준 미국이 만든 탱크에 올라타고, 아주 오래전 파시즘에 맞서 함께 투쟁했던 스페인 공화당원들과 함께 나는 파리로 돌아가고 있었다. 내가 처음으로 먹고, 마시고, 사랑하는 법을 배웠던 그 아름다운 도시로.

카메라 파인더 속에 비친 수천 명의 얼굴들이 점차 뿌옇게 흐려졌다. 파인더가 흠뻑 젖은 것이다. 내가 탄 탱크는 카르티에를 거쳐 내가 6년 동안 살았던, 벨포르의 사자상^{프로이센-프랑스전쟁 때 단페르 로슈로 장군이 103일 동안 이곳을 사수한 것을 기념하여 세운 상} 인근에 있는 우리 집 앞을 지나갔다. 아파트 관리인 아주머니가 손수건을 흔들고 있었다. 나는 달리는 탱크 위에서 아주머니를 향해 외쳤다.

"C'est moi, c'est moi(저예요, 제가 돌아왔어요)!"

/

우리는 몽파르나스의 카페 돔몽파르나스의 유명한 카페 네 곳 중 가장 오래된 곳으로 예술가들이 애용한 것으로 유명 앞에 탱크를 세웠다. 한때 내가 즐겨 앉았던 테이블은 비어 있었다. 밝은 색 옷을 입은 아가씨들이 탱크로 기어 올라오는가 싶더니 순식간에 우리 얼굴을 립스틱 자국으로 덮어버렸다. 스페인 병사들 중에서 가장 잘생긴 병사 한 명이 다른 동료들보다 훨씬 많은 키스 세계를 받고는 혼자 중얼거렸다.

"파리에서 제일 예쁜 여자에게 키스를 당하느니 차라리 마드리드에서 가장 못생긴 노파에게 키스를 받는 편을 택하겠어."

국회의사당 부근에서 우리는 전투를 벌여야 했다. 때문에 몇몇 사람의 키스 자국은 피에 씻겨 지워져버렸다. 밤이 깊어서야 파리는 해방되었다.

나는 파리에서의 첫날밤은 최고급 호텔인 리츠에서 보내고 싶었다. 그러나 호텔은 이미 다른 사람의 차지가 돼 있었다. 우리와 다른 길을 통해 파리에 입성한 헤밍웨이와 그의 미니 특공대가 짧게 한바탕 전투를 벌이고는 그들의 주요 목표였던 이 호텔을 독일군 뜨내기들로부터 해방시키고 점령한 상태였다. 붉은 머리 운전병이 경계를 서고 있었는데, 그는 마냥 즐거운 듯 빠진 앞니가 다 드러나 보이도록 웃고 있었다. 그가 헤밍웨이 말투를 똑같이 흉내 내며 말했다.

"파파가 호텔을 점령했어요. 지하 창고에 술이 얼마나 많은데요. 어서 가보세요."

운전병의 말은 모두 사실이었다. 파파는 나와 화해를 했고, 나를 위해 파티를 열어주었으며, 호텔에서 제일 근사한 방 열쇠도 건네주었다.

1944년 8월 25일, 파리. 프랑스 제2기갑사단은 파리 입성 후에도 잔류하고 있는 상당수의 독일군 저격수들을 소탕해야 했다.

1944년 8월 26일, 파리.
파리 해방 축하 퍼레이드에 참여한 시민들과 레지스탕스 대원들.

1944년 8월 26일, 파리.
건물에 숨어 있던 저격수의 발포에 혼비백산이 된 퍼레이드 군중.

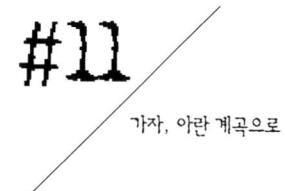

#11 가자, 아란 계곡으로

파리 해방은 영원히 잊혀지지 않을 그런 날이었다. 이 기념비적인 날로부터 이레째 되던 날은, 그러나 너무나 우울한 날이었다. 음식도 다 떨어지고, 샴페인도 바닥이 났다. 아가씨들도 해방 사실을 알려주기 위해 집으로 돌아가 버리고 아무도 없었다. 가게는 문을 닫았고, 거리에는 인적이 드물었다. 별안간 우리는 전쟁이 아직 끝나지 않았다는 사실을 깨달았다. 실제로 불과 40킬로미터 떨어진 곳에서는 아직도 전쟁이 계속되고 있었다.

파리 해방 이레째 되던 그날, 나는 스크라이브 호텔 바에 앉아있었다. 그 호텔은 군에서 기자들에게 큰 선심을 베풀어 내어준 곳이었다. 그곳에서 나는 독하기로 유명한 알콜 음료인 '병든 사생아' 만드는 법을 가스통에게 가르쳐주고 있었다. 바텐더인 가스통이 토마토주스와 보드카와 우스터소스
^{1850년경부터 잉글랜드 남서부에 위치한 우스터에서 처음 판매된 이후 세계적으로 알려진 대표적 식탁용 소스}를 한데 섞는 모습을 지켜보면서, 나는 엿새 전에 파리의 시가지에서 운명을 다한 고귀한 전쟁사진예술을 기리며 혼자 조종을 울리고 있었다.

앞으로 북아프리카의 사막이나 이탈리아의 산악지대에서 싸우는 병사들의 모습을 사진에 담는 일은 더 이상 없을 것이다. 노르망디 상륙작전을 능가

하는 공략작전도, 파리에 필적할 만한 도시의 해방도 마찬가지일 것이다.

나는 가스통에게 이제 전선으로 돌아가 봐도 전망이 없을 것 같다고 말했다. 이제부터는 똑같은 장면들만 계속해서 찍을 게 뻔하다고. 장애물 뒤에 웅크린 병사들하며, 굉음을 내며 전진하는 탱크들하며, 미친 듯이 손을 흔드는 사람들 무리는 죄다 내가 어디에선가 이미 찍었을 법한 사진들의 판박이에 지나지 않을 거라고.

가스통은 잘 섞인 술을 내게 따라주었다. 내가 그것을 마시는 사이에 그도 자신의 영웅적이었던 한때를 떠올리며 애석해했다.

독일군이 프랑스를 점령하고 있던 기간에 가스통은 프랑스 남부지역에서 마키단Maquis,프랑스의 항독 게릴라 단체의 일원으로 전투에 참가했었다고 한다. 마키단의 용사 대부분은 프랑스로 망명한 스페인 공화파들로, 지휘관은 알바레스 장군이었다. 탱크는 고사하고 기관총 서너 정이 그들이 가진 무기의 전부였지만, 그들이 벌인 전투만큼은 절대 녹록하지 않았다고 한다.

"프랑스 남부가 해방되면서 나는 이렇게 여기서 총 대신 칵테일셰이커를 잡고 있지만, 스페인 동지들은 지금도 총을 놓지 않고 있어요. 머지않아 그 동지들은 피레네 산맥을 넘어, 독재자 프랑코에게서 스페인을 해방시키고야 말 겁니다."

나는 단숨에 칵테일을 들이켰다. 주위가 훨씬 더 환해진 느낌이 들었다.

/

나는 바르셀로나가 파시스트들에게 함락된 시절인 1939년 1월을 돌이켜보았다. 바르셀로나에서 프랑스 국경까지 이어진 수백 킬로미터의 도로는 프랑코 장군이 외부에서 끌어들인 군대를 피해 탈출하려는 스페인 사람들로 시커멓게 물들어 있었다. 지식인들과 노동자들, 농민들과 소상인들, 우리의 어머니며 아내며 아이들이었던 난민들은 조직이 붕괴된 공화군의 몇 대 남지 않은 차량들을 앞서거니 뒤서거니 하면서 도망치고 있었다. 등에는 짐을 지고, 물집투성이 발을 힘겹게 끌면서 난민들은 민주주의 프랑스의 자유세계를 향해 걷고 있었다.

기자들은 피난민의 비참한 모습을 기사에 담았고, 나는 사진에 담았다. 그러나 세상 사람들은 별 관심을 보이지 않았다. 그로부터 이삼 년도 채 지나지 않아 다른 유럽국가 사람들은 卍 표시를 단 자국 군인들과 독일군을 피해 달아나거나 그들 앞에서 쓰러져갔다.

프랑스 헌병들은 잘 먹고 잘 사는 사람들의 비정한 무관심으로 기진맥진한 스페인 난민들을 맞아들였다. 난민들은 한 사람씩 쏙쏙 프랑스 국경에 도착했다. 탈출행렬 맨 뒤에는 공화군 수비대가 난민들을 보호하고 있었다. 이삼천 명에 달하는 수비대 병사들은 원래 마드리드 여단 소속 병사들이었다. 그들은 스페인 내전의 발발 시점부터 끝까지 투쟁한 군인들이었다. 마지막 난민이 프랑스 국경을 넘어가자 그들도 국경을 따라 넘지 않을 수 없었다.

프랑스 국경선에는 수비대 사령관인 모데스토 장군이 백마를 타고 꼿꼿한 자세로 서 있었다. 그 옆으로 가물거리는 횃불을 든 여단 병사들이 고개를 빳빳하게 세우고 행진을 하며 지나갔다. 그들의 총은 깨끗하게 손질돼 불빛에 반짝거렸고, 횃불에 비친 그들의 눈은 촉촉히 젖어있었다. 장군 앞을 지나갈 때 그들은 오른손 주먹을 불끈 쥐고는 하늘을 향해 번쩍 쳐들면서 외쳤다.

"Ya volveremos(우리는 다시 돌아간다)!"

그 광경에 깜짝 놀란 프랑스 헌병들이 반사적으로 손을 들며 인사를 했다. 그러나 잠시 후 여단 병력은 전원 포로수용소에 갇히고 말았다.

/

툴루즈에서 프랑스 내무군 본부에 머물고 있을 때, 알바레스 장군이 나를 찾아왔다. 그는 젊고 명민한 인물로, 프랑스 국경선을 넘어 스페인으로 다시 돌아가고 싶어 안달이 나 있었다. 그러나 그는 연합군으로부터 신호가 떨어지기를 기다리고 있을 수밖에 없었다. 그는 머지않아 명령이 떨어질 거라고 확신하고 있었다. 로마와 베를린으로 진군하는 과정에서 연합군은 많은 병사를 잃었기 때문이다. 로마와 베를린 다음은 바로 마드리드가 될 것이었다.

그는 피레네 산맥의 프랑스 쪽 작은 국경마을에 도합 2만여 명의 병력을 대기시켜놓고 있었는데, 나에게 그 부대를 방문해달라고 요청했다.

내가 그곳에 도착했을 때, 스페인 친구들은 어느 오래된 선술집에 모여 술 파티를 즐기고 있었다. 그들은 노래를 부르면서 주둥이가 두 개나 달린 술병에서 독한 적포도주를 마시고 있었다. 큰 주둥이를 잡고 높이 치켜든 다음, 가는 주둥이에서 조금씩 흘러나오는 술을 반쯤 벌린 입 한쪽 끝으로 받아 마시고 있었다.

실내 한가운데서는 피부가 까무잡잡한 안달루시아 출신의 집시 한 명이

플라멩코를 노래하고 있었다. 사람들은 한 소절이 끝날 때마다 손뼉을 치면서 "브라보!"를 외쳤다. 집시의 노래가 끝나자, 슬픈 표정을 한 카탈로니아 출신 사내가 나와서 자기 고장 노래인 호타*jota, 스페인의 빠른 3박자 춤곡*를 구슬프게 불렀다. 그의 고향 사람들은 눈시울을 붉히며 노래에 귀를 기울였고, 다른 사람들은 연신 "잘 한다!"를 외쳐댔다.

그 다음 차례는 갈레고 지방 사람이었다. 농부처럼 넓적한 얼굴을 한 그의 노래에는 푸른 초원과 드높은 산의 기운이 생생하게 살아있었다. 그는 목가적인 노래를 많이 불렀다. 마지막 곡이 끝날 때마다 사람들은 계속해서 "한 곡 더"를 외쳤다.

사람들 중에 박수도 치지 않고 잠자코만 있던 야윈 사내가 한 명 있었다. 이번에는 그가 무대로 나왔다. 그의 셔츠에는 수장袖章, *고급장교나 경찰관 등의 정복 소매에 금줄 따위로 계급 같은 것을 표시한 휘장*이 여러 개 달려 있었는데, 일부는 스페인에서, 일부는 프랑스에서 벌어졌던 대전투로 받은 것이었다. 그는 내가 한번도 들어본 적이 없는 노래를 한 곡 불렀다. 가사는 스페인말로 돼 있었지만 그 아름다운 멜로디는 우리 모두가 처음 들어본 것이었다.

그가 노래를 다 부르자 술집에는 침묵이 흘렀다. 잠시 후 누군가가 그에게 소리쳐 물었다.

"대체 그 노래는 어느 지방 노랩니까?"

"아란의 계곡에서 부르는 노랩니다. 여기서 불과 삼십 킬로미터도 안 되는 곳이지요. 저 산 너머에 있는, 작은 계곡 하나에 촌락도 셋밖에 없는 곳입니다. 첩첩산중이어서 스페인과 프랑스로부터 거의 고립되다시피 한 마을입니다. 거기선 모두 이 노래를 부릅니다. 그리고 그곳에는 나의 사랑하는 노비아가 몇 년째 나를 기다리고 있지요."

어깨에 견장을 달고 턱수염을 기른 한 사나이가 벌떡 일어났다.

"나는 아란 계곡의 변경지대 주둔지 지휘관이오. 그 계곡마을로 진군할 것을 제의합니다!"

모두가 그 계획에 찬성했다. 술집에 있던 병사들은 앞 다투어 그곳으로 가겠다고 지원하고 나섰다. 아름다운 노래가 불려지고, 불과 30킬로미터도 안 되는 곳에 떨어져 있는 한 남자를 6년 동안이나 기다리고 있는 노비아라는 여자가 사는 그곳으로.

그들은 툴루즈의 사령부에 전화를 넣어 진군을 허가해 달라고 요청했다. 그러나 알바레스 장군의 대답은 "노"였다. 불가능하다는 것이었다. 병사들은 모두 침울해했다. 술병을 가득 채우던 포도주 통도 바닥이 났고, 파티는 파장될 무렵이었다.

바로 그때 본부에서 전화가 왔다. 진군을 허가하겠다는 내용이었다.

"국경을 넘을 수 있는 인원은 백오십 명이다. 유혈사태는 피해야 하고, 반드시 스물네 시간 내에 프랑스로 되돌아와야 한다. 병사들은 또 스페인 동포들이 망명 중인 스페인 형제에 대해 어떤 감정을 갖고 있는지, 그리고 프랑스 내의 스페인 망명자들이 파시스트에 대항해 지금도 계속 투쟁하고 있다는 사실을 그들이 알고 있는지도 반드시 알아오라. 이상."

미국 국적을 가진 나는 국경을 넘어갈 수 없었다. 나로 인해 국제적인 분규가 발생하는 일은 없게 하라는 본부의 당부 때문이었다. 단, 국경 초소까지는 함께 가도 된다고 했다.

100명 남짓한 병사들은 여러 대의 트럭에 나눠 타고는 굽이진 길을 따라 조심스럽게 나아갔다. 길은 산 속으로 2천 700미터 올라간 곳에 이르렀다. 국경 초소는 작은 통나무집이었다. 우리는 그 앞에 도착해 트럭에서 내렸다. 좁은 길 하나가 산꼭대기에 걸린 구름 속으로 이어져 있었다. 그 너머가 바로 스페인이었다.

　턱수염을 기른 초소 지휘관과 나는 초소에 남았다. 나머지 병사들은 어깨에 총을 메고 일렬종대로 국경을 넘어갔다. 그리고 자욱한 안개 속으로 사라졌다.

／

오두막 안에서 우리는 장작불을 피우고, 진한 커피를 끓이며 기다렸다. 오전 11시에 마드리드 라디오 방송이 정규 방송을 중단하고 긴급뉴스를 내보냈다.

　"미제 무기로 무장하고 프랑스 군복을 입은 만여 명의 스페인 출신 범죄자들이 공산국가 프랑스 국경을 넘어 우리나라로 쳐들어왔습니다. 이에 인근 지역의 스페인군 파견대와 팔랑헤*1933년 결성된 스페인의 급진우익정당* 당원들은 즉각 대항태세를 갖추고, 곧 이 범죄자 무리와 교전을 벌일 것으로 예상됩니다."

　뉴스가 끝나자 턱수염 지휘관이 말했다.

　"프랑코란 놈은 썩은 젖을 먹고 자랐는지 태어날 때부터 거짓말을 입에 달고 산 놈이지."

　그의 말에 보초병들도 맞장구를 쳤다. 잠시 후 프랑스의 라디오 방송에서도 긴급뉴스가 나왔다.

"자유프랑스 군과 행동 중인 모든 스페인 사람들은 국경으로부터 최소한 삼십 킬로미터 바깥 지역으로 이동해 있으십시오. 국경을 넘어 스페인으로 넘어간 자들은 귀환 즉시 무장이 해제되고 구금될 것입니다."

이번에도 턱수염 지휘관은 프랑스 사람들의 우유가 어떠니 하면서 몇 마디 중얼거렸다. 우리 모두 걱정이 이만저만이 아니었다.

잠시 후 군용 트럭 여러 대가 프랑스 정규군을 싣고 국경 초소로 왔다. 프랑스 군인들은 국경 초소 지휘관과 보초병들에게 즉각 그곳에서 철수하여 툴루즈의 본부로 출두하라고 명령했다. 나는 프랑스 군인들과 함께 남았다.

땅거미가 내려앉았지만 스페인 병사들은 한 명도 돌아오지 않았다. 장작불 주위에 둘러앉은 프랑스 군인들은 설전을 벌이기 시작했다. 어떤 사람들은 저 재수 없는 스페인 놈들이 항상 말썽만 피우고 다닌다고 불평을 했다. 또 어떤 사람들은 그래도 그 재수 없는 외국놈들이 독일군과 열심히 싸운 덕택에 그들의 고향 마을 일부가 해방된 기억이 난다고 말했다. 단 한 가지 의견에서만큼은 모두가 일치를 보았는데, 그것은 명령이 내려진 대로 스페인 병사들은 구금될 수밖에 없을 거라는 것이었다.

자정 무렵에 보초병이 돌아왔다. 그의 군복에는 눈이 수북이 쌓여 있었다. 프랑스 대위는 스페인 사람들이 고개를 넘을 때쯤이면 젖은 발이 동상에 걸려있을 거라며, 안된 일이지만 그것은 그들 스스로 자청한 일이라고 말했다. 하지만 병사들은 돌아오지 않았고, 밤새 두툼한 눈송이만 무심히 내렸다.

아침이 되자 눈은 60센티미터가량 쌓였다. 그런데도 눈은 계속 내리고 있었다. 프랑스 군인들은 그쯤 되면 고개를 넘는 게 불가능하다고 말했다.

그런데 오전 10시에 희미한 그림자 하나가 희뿌연 안개를 뚫고 초소를 향해 천천히 다가오는 것이 아닌가. 그는 엊그제 자신이 지나갔던 길 위에 쌓인 눈에다 깊은 구멍을 만들며 힘겹게 움직였다. 그는 혼자였고, 어깨에 소총 여섯 자루를 메고 있었다. 프랑스 보초병이 제지하자 그는 메고 있던 총들을 내려놓으며 말했다.

"준비됐소."

프랑스 대위는 마음이 썩 편치 않았는지 나지막하게 욕을 한마디 내뱉고는 말했다.

"이런 폭설 속에서 총을 여섯 자루나 메고 돌아왔는데 체포하는 건 옳지 않는 일 같아."

프랑스 군인들은 그에게 빨리 마을로 내려가 발을 말리라고 말했다. 스페인 병사는 마을을 향해 발걸음을 옮기다 말고 문득 고갯마루를 뒤돌아보며 말했다.

"아직도 저곳에는 동료들이 많이 있는데⋯."

그러고는 마을을 향해 천천히 걸어 내려갔다.

두 번째 스페인 병사가 나타났다. 그는 부상당한 동료를 등에 업고 있었다. 프랑스 군인들은 그 두 사람도 체포할 수 없었다. 정오 무렵까지 돌아온 스페인 병사는 모두 서른일곱 명이었다. 구금하기에는 모두 너무나 선량한 사내들이었고, 또 너무나 애처로운 처지였다.

우리는 차차 그들의 사연을 파악하게 되었다. 전날 밤 산을 내려가 스페인으로 잠입한 병사들은 온 마을 사람들로부터 대대적인 환영을 받았다. 마을 신부님은 주민들 모두가 그들의 투쟁활동을 잘 알고 있으며, 그래서 항상

기도를 하고 있다고 말했다. 이윽고 푸짐하게 차린 큰상이 나오고, 그들은 빵을 먹고 포도주를 마시며 춤을 추었다.

그때 마을 주민 한 사람이 갑자기 나타나서는 인근 주둔지의 팔랑헤 당원들이 마을로 쳐들어오고 있다는 소식을 전했다. 그 소식을 듣자마자 질서 있게 마을을 빠져나간 병사들은 고갯길을 향해 기어오르기 시작할 무렵 갑작스런 폭설을 만났다. 그들은 조금씩 앞으로 나아갈 수는 있었지만 흰 눈 때문에 팔랑헤 당원들의 총격에 더할 나위 없이 좋은 표적이 되고 말았다. 대부분의 병사들이 총살됐고, 겨우 살아남은 병사들은 전우들의 시체를 스페인의 눈구덩이 속에 남겨두고 돌아왔다.

마지막으로 초소에 등장한 병사는 소년 두 명도 함께 데리고 돌아왔다. 그는 모두가 처음 들었던 그 노래를 불렀던 홀쭉한 사내였다. 고생 탓인지 그의 입술은 더욱 가늘어져 있었다. 그의 뒤를 따라 비틀거리며 걸어오는 두 소년들은 프랑코의 팔랑헤 당원복을 입고 있었다. 야윈 사내는 불 곁으로 다가와서 소년들의 신발을 벗기고 발을 문질렀다.

나는 포켓용 술병을 꺼내 그에게 마시게 했다. 그는 쉰 목소리로 이야기를 하기 시작했다. 소년들은 그의 애인인 노비아의 동생들이었다. 강압에 못이겨 팔랑헤 당원이 되었던 소년들은 병사들의 후퇴가 불가피해지자 누나와 함께 그들을 따라 나섰다. 산중턱까지 올라왔을 때, 그들은 각자의 길을 선택해야만 했다. 소년들은 프랑스군에 입대해 독일군과 싸우는 길을 택했다. 그리고 노비아는 늙은 어머니를 돌보기 위해 마을로 돌아가는 길을 택했다. 그 길은 어쩌면 앞으로 몇 년을 더 기다리며 살아야 할지도 모를 선택이었다.

1944년 11월, 툴루즈 인근.
피레네 산맥을 넘어 스패인 마을로 진군했던 스패인 병사.

스페인으로 돌아가는 길은 멀고 험하다. 마드리드의 노파가 키스로 환영할 그날이 왔을 때는 병사들은 아마 이 세상 사람이 아닐지도 모른다. 설령 살아 돌아간다 해도, 그때는 이미 젊은 아가씨의 키스를 받기에는 너무 늙은 사내가 돼버린 후일지도 모를 일이다.

기다리는 연인

나는 스크라이브 호텔로 돌아왔다. 문지기가 누군가 바에서 나를 기다리고 있다고 말했다. 그는 꼬박 사흘 밤낮 동안 나를 기다리고 있다고 했다. 바 안쪽에서 가스통이 젊은 미군 소령에게 칵테일을 만들어 주고 있는 모습이 보였다. 그는 소령으로 진급한 크리스였다.

멀리서 보아도 그가 심한 숙취에 찌들어있다는 걸 알 수 있었다. 나는 의자를 가져다가 그의 옆에 앉았다. 그는 비어버린 잔 바닥을 통해서 나를 보고는 그것을 내려놓았다.

"시간이 됐어. 자, 런던으로 가자고."

런던에서 온 지난번 편지에서 나는 핑키의 반란 조짐을 어느 정도 느꼈었다. 하지만 크리스가 이렇게 득달같이 달려올 정도는 아니었다. 나는 크리스에게 다그쳐 물었다.

"최후통첩은 어디 있나?"

"핑키는 더 이상 자네한테 편지하지 않을 거야. 편지를 해봐야 아무 소용이 없다고 그러더군. 자네가 바라던 대로 파리는 해방됐고, 또 많은 시간이 흘렀는데도 자네는 런던에 두고 온 것에는 아무런 관심도 보이지 않는다고."

당시 나는 영국으로 돌아가기 힘든 상황이었다. 나는 이런 사정을 크리스에게 설명했다.

"나는 영국 당국으로부터 입국 비자를 받아야 해. 게다가 비행기를 타려면 군의 이동명령서도 있어야 한다고. 이런 것들을 해결하자면 며칠 시간이 필요해. 더구나 나는 전선으로 돌아가지 않으면 안 돼. 제발 핑키가 이런 나를 조금만 더 기다려주면 좋겠어."

크리스는 완강했다.

"준비는 다 끝났어. 내가 장군 전용기를 빌려놨어. 그리고 비행장의 보안병 문제는 그냥 내게 맡겨. 그것 때문에 잘못되는 일은 없을 거야. 무슨 말인지 알겠어? 내일 아침 자네가 타고 갈 비행기까지 준비해뒀다니까."

"그게 다가 아니야. 만약 내가 사람들 눈에 띄지 않고 런던으로 간다 해도 난 호텔에 숙박하는 것이 불가능해. 그런데 핑키는 이미 우리 아파트 재계약을 포기했다고!"

"핑키는 도체스터 호텔로 옮겼어. 무엇보다 지금 건강이 매우 안 좋아. 그러니까 자네가 반드시 가야해. 그리고 장군 전용기도 더 이상 오래 잡아놓을 수 없어."

결국 나는 크리스에게 넘어가고 말았다.

장군 전용기는 비행장에 대기 중이었다. 우리는 조종사의 도움을 받아 비행기에 올라탔다. 비행기를 타자마자 크리스는 나가 떨어졌고, 나는 걱정이 되기 시작했다. 전쟁도 막바지에 이른 마당에 더 이상 여권 문제로 속을 썩이고 싶지 않았기 때문이다.

땅거미가 질 무렵 우리는 런던에서 32킬로미터 떨어진 노스홀트 비행장에 도착했다. 기운을 차린 크리스는 보안병 사이를 통과할 때 나를 앞으로 약간 밀면서 목소리를 낮게 깔며 말했다.

"이분은 V.O.C.G를 갖고 있네."

지프에 올라타고 나서 크리스가 말했다.

"V.O.C.G라는 건 뭐 전염되는 것은 아니고, 사령관의 구두명령 Verbal Orders Commanding General 이란 뜻이야."

/

런던 시내에 들어서자마자 우리는 도체스터 호텔로 전화를 걸었다. 핑키는 호텔에 있었다. 이미 나갈 준비를 마치고 전화를 기다리던 중이었다. 그녀는 우리에게 호텔 근처의 애스터 클럽으로 오라고 했다.

그녀는 18개월 전 야들리 씨의 집에서 입었던 것과 같은 검은색 드레스를 입고, 검은색 샌들을 신고 있었다. 그러나 그때보다 야위고 창백한 모습이었다. 그녀는 크리스의 뺨에 가볍게 입을 맞추고는 참 착한 남자라고 말했다. 그러고 나서 나를 향해 돌아섰다.

"이제야 왔군요."

"여기 오래 있을 수는 없어."

"왜 내 편지에 답장도 안했어요?"

"우리 춤추자."

우리는 잠시 춤을 추었지만, 거의 무대 한가운데에 서있는 것과 다름없었다. 크리스는 옆 테이블에 앉아서 우리를 지켜보고 있었다.

"크리스에게 잘해줘요. 그가 사랑에 빠졌대요."

"저 어린애 같은 녀석은 그냥 내버려둘 수 없어?"

"걱정 말아요. 크리스는 나보다 당신을 더 좋아하니까."

그때 크리스가 끼어들더니 저학년 무도회 같다고 구시렁거리면서, 나와 함께 춤추고 있는 핑키를 가로챘다. 그는 춤을 잘 추었고, 둘은 우아한 한 쌍이었다. 테이블로 다시 돌아온 우리는 샴페인 한 병을 나눠 마셨다. 핑키는 나와 한 번 더 무대 중앙에 나가 섰고, 크리스와는 두 번 더 춤을 추러 나갔다.

자정이 조금 지났을 때 크리스가 자리에서 일어나며 말했다.

"비행기는 내일 아침 아홉 시에 출발할 예정이야. 일곱 시 정각에 도체스터 호텔 앞으로 자네를 데리러 가겠네."

핑키와 나는 조금 더 머문 후 그곳을 빠져 나왔다. 호텔 앞에 다다랐을 때 그녀는 408호실 열쇠를 내게 건네주었다.

"당신 혼자 들어가는 편이 좋을 거 같아요. 나는 금방 뒤따라갈게요. 곧장 엘리베이터로 가세요. 머뭇거리거나 프런트 쪽을 쳐다보면 안 돼요."

나는 핑키가 가르쳐 준 대로 움직였다. 엘리베이터를 기다리는데 덩치 큰 남자 한 명이 내게로 다가왔다. 그는 눈이 작고, 붉은 턱수염을 기르고, 윤이 나는 하늘색 양복을 입고 있었다. 나는 태연한 척 행동하며 그의 눈을 피해 턱수염 끝으로 시선을 옮겼다.

"실례합니다만 선생은 이 호텔에 투숙하고 계십니까?"

그는 의심이 가득한 말투로 내게 물었다.

"아니요. 파커 양을 만나러 왔습니다."

"파커 양 방에는 응접실이 없습니다. 그래서 방문객을 맞을 수 없을 겁니다. 게다가 그녀는 지금 방에 없습니다. 나는 이 호텔 사설 형삽니다."

나는 몇 마디 중얼거리고는 호텔을 빠져나왔다. 마침 호텔로 들어서던 핑키가 책망하듯 말했다.

"겁쟁이!"

우리는 공원 도로를 건너 하이드파크로 갔다. 이슬에 젖은 낙엽에 그녀와 나의 발이 빠졌다. 핑키는 자기 손을 호주머니에 계속 넣어두고 있었다.

"두세 시간 후면 당신은 또 전선으로 가는군요."

"그래, 난 가야 해."

"당신에게는 재미있는 얘깃거리가 하나 더 늘겠군요."

뭐라 말해야 할지 막막했다. 그녀의 눈이 보이지 않는 어둠 속에서조차도.

"나는 더 이상 예쁜 여자가 아니에요. 이제 당신이 떠나면, 나는 그리워하다 초췌한 모습으로 시들고 말 거예요."

"아냐, 당신은 정말 예뻐."

"난 추한 모습으로 살고 싶지는 않아요."

우리는 어두컴컴한 도체스터 호텔 앞을 지나갔다. 호텔 정문 바닥 틈 사이로 불빛이 어슴푸레 새어나오고 있었다. 나는 더듬거리며 말했다.

"전쟁은 그리 오래가지 않을 거야."

"당신은 전쟁이 오래간다 해도 결코 개의치 않을 사람이에요."

우리는 다시 이슬에 젖은 잔디 위를 걸었다. 핑키의 스타킹은 발목 위까지 젖었고, 샌들은 흙투성이가 되었다. 우리는 하이드파크의 마블아치를 지나 공습대피소를 가리키는 화살표 앞에서 멈췄다. 그리고 아래로 내려갔다.

철제 간이침대는 여전히 사람들로 꽉 차 있었다. 폭격에 집을 잃고, 떠돌이 생활에 지칠 대로 지쳐 창백한 얼굴을 한 런던 사람들은 잠자리에서도 편히 쉴 수가 없었다. 남편과 아내는 따로 떨어진 채 침상에서 잠을 잤고, 아이들은 한데 뭉쳐 잠을 자고 있었다.

관리인이 다가와서 대피소 입장권을 달라고 했다. 핑키는 미국에서 온 친구에게 런던 생활의 이면을 보여주고 싶었을 뿐이라고 관리인에게 둘러댔다. 우리는 그곳을 나와서 다시 공원으로 갔다.

헐벗은 나무들이 밤안개에 파묻혀 흐느끼고 있었고, 밤은 조금씩 희끗희끗해지고 있었다. 우리는 호텔 앞을 여러 차례 지나쳤다. 나는 핑키에게 파리로 가서 함께 지내자고 부탁했다.

"〈라이프〉 여기자에게서 종군기자복을 빌리면 돼. 크리스가 당신을 아무도 몰래 파리로 데려다 줄 거야. 파리 근교에 오를리 비행장이 있는데, 그곳 입국심사는 그다지 엄격하지 않아. 게다가 미군복을 입고 파리에 들어오면, 허가증이나 여권을 보여 달라는 사람도 없을 거야."

핑키는 한동안 아무 말도 하지 않았다. 그러더니 함께 아침을 먹자고 했다.

우리는 라이온스 코너하우스로 갔다. 거기서 핑키는 구두를 벗고 스타킹을 라디에이터 위에 걸쳐놓고 말렸다. 다 마른 스타킹을 다시 신기 위해 몸을 숙인 그녀가 나를 쳐다보지 않은 채 말했다.

"정말 내가 함께 가길 원해요?"
"그래, 정말로 그래주면 좋겠어."

"그래요, 갈 수 있어요. 당신이란 사람은 등에 낙하산을 달고 뛰어내리는 용기는 가졌으면서도 조그만 호텔 형사한테는 쩔쩔매고, 또 사랑에 목숨을 거는 건 두려워하는 사람이니 내가 파리로 가야죠."

화장을 고치고, 커피를 따른 그녀는 스푼으로 거품을 내기 시작했다. 이제 그녀는 전혀 다른 모습의 핑키였다. 파리에서는 아르페지 향수를 살 수 있는지, 이브닝드레스를 입을 기회가 있는지, 또 종군기자복을 입고 갈 때 타자기도 가져가야 하는지, 그리고 어디서 함께 살게 되는지를 알고 싶어 했다. 나는 그녀가 원하는 것은 뭐든 다 가능하다고 말하며 랭커스터 호텔이 얼마나 쾌적한 곳인가를 자세하게 설명해주었다.

대화를 하느라 차와 토스트가 죄다 식어버렸지만, 너무 즐거운 아침이었다.

아침 7시, 잠에서 깨어난 도체스터 호텔의 현관에서 크리스가 우리를 기다리고 있었다. 그의 얼굴이 창백해 보였다. 간밤에 차에서 잠을 잤다고 했다. 핑키는 내게 작별 키스를 하고, 회전문 안으로 사라졌다. 차를 타고 가면서 나는 크리스에게 지난밤에 있었던 일을 모두 얘기했다. 크리스는 가능한 한 빨리 핑키를 파리로 데려다주겠다고 약속했다.

크리스는 이번에도 사령관의 구두명령이라고 말하며 나를 통과시켰다. 내가 타고 갈 비행기는 우편물을 실어 나르는 비행기였다. 출발하기 전에 크리스가 내게 말했다.

"실은 V.O.C.G는 보통사람 카파의 통행*Very Ordinary Capa Going*이란 뜻이야. 아! 그리고 파리에는 호텔 형사가 없으면 좋겠는데…."

나는 지금 누구 약 올리는 거냐고 되받아쳤다.

#13
다시 전선으로

텅 빈 바에서 가스통은 신문을 읽고 있었다. 다시 공략 길에 오른, 그 무시무시한 패튼 장군이 자르 강프랑스 북동부를 가로질러 독일로 흐르는 강을 도하하여 독일로 진격했다는 내용이었다. 이는 매우 중대한 사건이라서 지금 기자들은 모두 전선으로 나간 상태라고 가스통은 말했다.

〈라이프〉의 파리 사무실에 들러보니 내 앞으로 온 전보가 수북이 쌓여 있었다. 모두 뉴욕 본사의 보스가 보낸 것이었다. 그도 가스통과 텔레파시가 통했는지, 서둘러 패튼 장군의 부대에 합류하라고 재촉하는 내용이었다.

나는 가방을 꾸리고, 다시 전쟁터로 향했다. 지금 아군은 진정한 독일군을 상대로 전투를 벌이고 있다. 따라서 내 사진은 다시금 흥미진진해질 것이고, 지금까지의 공략을 찍은 사진들과는 사뭇 다른 사진이 될 것이다.

자르 강가에서 나는 제80사단에 합류했다. 이미 2개 대대가 먼저 강을 건너 독일 땅에 진격해 있었고, 이에 맞서 독일군은 작은 교두보를 마련하고 그곳에 중포부대를 집중배치하고 있었다. 아군은 군수물자를 대부분 부교浮橋 주변에 야적해두고 있었다. 그 부교가 2개 대대에 식량과 탄약을 공급하는 유일한 보급통로였다.

자르 계곡에서 나는 새로운 비밀병기를 찾아냈다. 그것은 원통모양의 용기에서 피어오르는 인공안개였다. 지역 전체를 덮고 있는 인공안개 때문에 바로 2미터 앞에 놓인 물체도 분간할 수 없었다. 포화가 끊이지 않는 상황에서도 흑인 병사로 구성된 부대는 계속해서 안개를 피워내고 있었다. 자유자재로 모습을 바꾸며 피어오르는 안개 속에서 병사들은 흑인이든 백인이든 모두 회색 실루엣으로 보였다.

나는 가던 길을 멈추고 흑인 병사 한 명과 얘기를 나누었다. 그가 내게 말했다.

"저기 작렬하는 포탄들은 모두 제각기 할 말이 있는 것 같아요."

그때 우리 바로 옆에 포탄 한 발이 떨어졌다. 그는 흰 이를 드러내며 씩 웃었다.

"저 녀석은 '넌 앨라배마로 못 돌아가'라고 말하는 것 같네요."

포탄에서 솟아난 연기가 안개를 더욱 짙게 만들었지만 흑인 미군 병사들은 동요하는 기색 없이 맡은 임무를 계속 수행했다. 나는 지프를 타고 병사들로 붐비는 부교를 천천히 건너갔다. 겁먹고 있는 사람은 나뿐인 것 같다는 생각이 들었다. 하지만 어쨌거나 전선으로 다시 돌아오게 되어 매우 기뻤다.

자르 강을 건넌 나는 어느 작은 건물의 지하실에 있는 부대 본부로 갔다. 그로부터 며칠 동안은 그곳이 내 숙소였다. 인공안개 때문에 사진을 한 장도 찍을 수 없었던 나는, 군대라는 것이 적뿐만 아니라 사진기자에게도 대항하는 병기를 만들어 낸다는 것을 그때 처음 확신하게 되었다. 나는 우연한 기회에 《전쟁과 평화》를 손에 넣고는 닷새 밤낮을 야전침대에 누워서 플래시 빛을 비춰가며 읽었다.

지하실은 그 누구에게도 좋은 장소가 못 됐지만, 사진기자에게는 더욱 절망적인 장소였다. 그러나 야전침낭은 따스했고, 《전쟁과 평화》는 훌륭한 읽을 거리였다. 음향효과도 오분대기조처럼 때맞춰 터져 나왔다.

지하실 아래에서 우리는 바깥세상과 격리된 채로 지냈다. 우리가 있는 건물 주변에서 벌어지는 시가전만이 우리 전쟁의 전부였다. 우리는 또 다른 전선의 소식을 전하는 일일 공보에는 별다른 관심을 가지지 않았다. 그러던 어느 날 폰 룬트슈테트 장군이 이끄는 독일군이 아군 전선을 돌파해 리에지 벨기에 동부 리에지 주의 주도 방면으로 진격하고 있다는 긴급 공보를 입수했다. 처음엔 그 사실이 믿기지 않았다. 그러나 라디오 방송을 통해 그 사실을 재차 확인한 나는 《전쟁과 평화》를 내팽개치고는 자르 강을 다시 건넜다.

베르됭 프랑스 북동쪽에 있는 작은 요새 도시에 있는 제12군단 본부는 심각한 걱정에 빠졌다. 독일군은 진격해오고 있는데 아군에게는 3개 사단의 예비 병력밖에 없었기 때문이다. 아군이 병력을 재집결할 때까지는 그 병력만으로 적의 진격을 저지할 수밖에 없었다. 설상가상으로 예비 병력 중 1개 사단은 적에게 포위되어 아군과 차단된 채 바스토뉴 아르덴 삼림지대의 남단에 위치한 벨기에의 도시라는 작은 마을에서 저항하고 있었다. 그 부대가 바로 제101공수부대로, 훗날 2차대전과 관련해 가장 흥미로운 이야깃거리 중 하나가 된다.

군정보부는 독일군의 공격 소식에 얼마간 과민반응을 보였다. 그들이 보고한 바에 따르면, 동부전선에서 독일군은 이미 궤멸되었거나 거의 궤멸되어가는 상황이었어야 했다. 이제 정보부는 정보를 나눠주는 것도 거부했다. 모든 것이 최고기밀이 된 것이다.

그럼에도 공보수석 레딩 대령은 내게 극비정보를 살짝 귀띔해주었다. 그는 만약 바스토뉴 전선에 관심이 있다면 제4기갑사단을 찾아가라고 말하며 자신의 지프까지 내주었다. 나는 바스토뉴의 위치를 대강 짐작하여 출발했다.

3~4킬로미터 지점마다 특수 헌병대의 제지를 받고 차를 세워야 했다. 그들은 신분증과 이동명령서를 치밀하게 조사했고, 매번 바뀌는 암구호를 대라고 했다. 암구호를 댄 후에도 헌병대는 얼토당토 않는 질문을 퍼부어 나를 매우 곤혹스럽게 했다.

"네브래스카의 주도는 어디인가? 월드 시리즈 우승팀은 어느 팀인가?"

그들은, 현재 독일군 스파이와 파괴공작원들이 우리의 병참선 후방에 낙하산으로 침투하여 미군복을 착용하고 완벽한 영어를 구사하며 활개를 치고 있기 때문에 이렇게 경계를 강화하는 것이라며 협조를 구했다. 그런데 내가 쓰는 영어는 완벽한 영어와는 거리가 먼데다 억양마저 한물간 것이었다. 설상가상으로 나는 네브래스카의 주도가 어디인지도 전혀 몰랐다. 때문에 나는 몇 번씩이나 체포되었고, 그때마다 몇 시간씩 억류돼 있어야 했다.

천신만고 끝에 우리는 바스토뉴에서 불과 35킬로미터쯤 떨어진 지점에서 제4기갑사단 본부를 따라잡았다. 때마침 제4기갑사단 소속 탱크들이 발진하고 있었다. 상당한 피해를 입은데다 탄약조차 다 떨어진 공수부대를 구출하러 가는 길이었다.

관례대로 나는 수속을 밟기 위해 정보부에 들렀다. 그러나 그곳 대령에게 종군기자라는 말을 입 밖에 내자마자 나는 또 체포되고 말았다. 구석으로 끌려간 나는 상황지도를 보지 못하도록 얼굴을 벽면으로 돌리고 서있으라는 명령을 받았다. 정보부 사람들이 레딩 대령과 전화통화를 한 후에야 나는 벽면으로부터 돌아설 수 있었다. 정보장교는 미안하다는 말 대신, 지금은 적국인에게는 좋은 때가 아니라고만 했다.

/

크리스마스를 이틀 앞둔 날이었다. 들판은 눈에 파묻혔고, 기온은 영하를 훨씬 밑돌았다. 손발이 동상에 걸리고, 시린 눈에서는 계속해서 눈물이 흘러내렸다. 그러나 바스토뉴를 해방시키고, 그곳에 갇힌 제101부대 병사들에게 크리스마스 칠면조 요리를 먹게 해주겠다는 일념으로 우리는 밤낮 없는 진군을 계속했다.

 그 진군에 동참한 수많은 기자들 중에서 사진기자는 나뿐이었다. 나는 옷이란 옷은 모두 껴입고, 그 위에 털가죽 모자가 달린 방한복을 덧입었다. 1년 전 이탈리아 전선의 산악특공대에서 빌린 것이었다. 내 목에는 얼음장처럼 차가운 카메라가 매달려 있었다. 장갑을 낀 손으로도 반초 이상 누르고 있을 수 없을 정도로 카메라 셔터는 차갑게 얼어있었다.

 바스토뉴에서 8킬로미터 떨어진 지점에 이르러 나는 지프를 세웠다. 마침 도로 바로 옆의 눈밭에는 보병 1개 소대가 지나가고 있었다. 하얀색 카펫 위에서 엎드렸다 일어나기를 반복하며 나아가는 시커먼 형체들 위로 포탄이 작렬하면서 피어오른 연기가 걸려 있었다. 참으로 오랜만에 보는, 지금까지와는 전혀 다른 유형의 전쟁 장면이었다.

 나는 둑 위로 기어 올라갔다. 그리고 제일 긴 망원렌즈가 달린 콘탁스 카메라를 꺼내 사진을 찍기 시작했다. 바로 그때 150미터쯤 떨어진 곳에서 보병부대 소속 미군 병사 한 명이 내게 무언가를 외침과 동시에 소형기관총을 들어올리는 것이었다. 나는 그 보병을 향해 진정하라고 큰 소리로 외쳤다. 그러나 내 억양을 들은 그는 다짜고짜 나를 향해 총을 쏘기 시작했다.

그 짧은 순간에 나는 어떻게 해야 할지 분간이 서지 않았다. 눈 위에 납작 엎드린다 해도 총알을 피할 수 없을 것 같았다. 또 둑에서 도망친다 해도 끝까지 뒤쫓아 온 보병의 총알 세례를 받을 게 분명했다. 그래서 나는 두 손을 위로 번쩍 들어올리고는 독일어로 "캐머라드!"라고 외치며 항복해버렸다.

보병 세 명이 총을 겨눈 채 내게로 다가왔다. 내 목에 걸려있는 독일제 카메라 세 대를 알아볼 수 있는 지점까지 다가오자, 미군 병사들은 득의양양한 표정을 지었다. 콘탁스 카메라가 두 대, 롤라이 카메라가 한 대였으니, 내가 그들에게는 엄청난 대박이었던 셈이다. 나는 할 수 있는 한 손을 힘껏 처들고는 그대로 서있었다.

그들이 바로 내 코앞에까지 다가왔을 때 나는 병사 한 명에게 내 웃옷 주머니를 뒤져봐 달라고 부탁했다. 병사는 내 신분증명서와 아이젠하워의 친필이 적힌 사진기자 통행증을 꺼내들었다. 그러고는 불만이 가득한 목소리로 말했다.

"아까 이 새끼를 쏴버렸어야 했는데!"

이 세 명의 포획자에 비하면 그 유명한 멍텅구리 군인^{아이젠하워를 일컬음}은 그래도 명랑하고 씩씩한 젊은이에 속했다. 나는 올렸던 손을 내리고, 사진을 찍고는 〈라이프〉에 실어주겠다고 약속까지 했다.

1944년 12월 23~26일, 벨기에 바스토뉴 남쪽, 미군 폭격기에 폭격당한 독일군 탱크.

1944년 12월 23~26일, 벨기에 바스토뉴 남쪽, 얼어붙은 들판을 가로지르는 미 보병사단 병사들.

1944년 12월 23~26일, 벨기에 바스토뉴 남쪽,
미군에 체포된 독일군 병사들.

전차부대에 다시 합류했다. 텍사스 출신 전차병이 모는 탱크에 올라타 그 지방 특유의 느릿느릿한 말투를 들으니, 한결 마음이 놓이는 것 같았다.

하늘에 별이 총총한 크리스마스 이브였다. 야영을 하기 위해 우리는 탱크를 세웠다. 그리고 얼어붙은 탱크 주위에 무리지어 앉았다. 나는 은제 포켓용 술병을 꺼내 병사들에게 돌렸다. 차디찬 브랜디가 뱃속을 덥혀 주었다.

낮 동안 독일군을 사살하고, 억양이 이상하다고 내게 총질까지 해댔던 그 사내들이 밤이 되자 서로 몸을 맞대고 앉아 독일 성가 '고요한 밤 거룩한 밤'을 부르기 시작했다. 바로 그때 별안간 베들레헴의 아기별과 같이 밝은 별 하나가 하늘에서 터지더니 바스토뉴 상공에 머물렀다. 독일군 비행기에서 발사한 조명탄이었다. 독일 공군이 아군 제101사단에게 선물을 나눠주고 있는 것이었다. 우리는 욕지거리를 퍼부으며 다시 탱크 위로 기어 올라갔다.

바스토뉴로 향하는 세 갈래 길 위에서 각각 통조림과 포탄 선물을 싣고 가는 세 개의 부대를 지휘하는 세 명의 현명한 대령들도 그 별빛을 따라 이동하기 시작했다.

내가 편승한 연합전투부대는 에이브럼스 중령의 지휘를 받고 있었다. 그는 시가를 즐기는 유대왕과 같은 모습으로, 자기가 제일 먼저 바스토뉴에 도착하는 사람이 될 거라고 장담했다.

여러 차례 전투를 치르고 난 다음날 늦은 오후에 우리는 자그마한 언덕에 도달했다. 우리 발밑으로 불과 3천 미터도 안 되는 곳에 바스토뉴가 있었다. 그곳에는 독일군 2천 명이 도사리고 있었다. 에이브럼스 중령은 조준하기 위해 멈추지 말고, 끊임없이 전진하면서 총을 쏘라고 명령했다. 마침내 우리는 아래쪽 마을에 도달했다.

독일군이 항복을 요구했을 때는 "제기랄"이라고 말했던 제101부대 사령관 맥컬리프 장군이 이번에는 "대령, 만나게 돼서 매우 기쁘네"라며 아주 정중하게 에이브럼스 중령을 맞이했다. 진심으로.

어느 버려진 농가 헛간의 시커멓게 그을린 벽에 맥컬리프 장군의 병사들이 흰 분필로 휘갈긴 글귀가 적혀 있었다.

'킬로이가 여기 있었노라!'

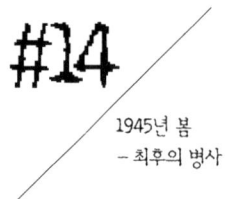

#14
1945년 봄
– 최후의 병사

눈 쌓인 파리의 들판에서는 미군들이 프랑스 여인들과 눈싸움을 하고 있었다. 독일군의 마지막 공격은 무위로 끝이 났다. 이번 전쟁의 마지막 겨울은 마지막 봄이 오기를 기다리고 있었다.

나는 핑키를 기다리고 있었다.

잔꾀에 능한 〈라이프〉의 파리 지국장 엘머 로우어가 할 얘기가 좀 있으니 사무실로 오라고 했다. 그의 책상 위에는 전보 두 통이 놓여 있었다. 하나는 뉴욕 본사에서 온 것이었다. 내가 찍어 보낸 바스토뉴 사진이 매우 훌륭하다는 것과 함께, 그에 대한 보답으로 베를린으로 진격중인 4개의 미군 부대 중 어느 하나를 내 마음대로 선택할 수 있게 해주겠다는 내용이었다.

또 하나는 런던 지국의 경리부장이 보낸 것이었다. 이전부터 그는 내가 포커판에서 잃은 돈을 회사 비용으로 처리하는 것을 승인 거부해 왔다. 그런데 이번에도 내 양복점에서 청구한 여성종군기자복 대금을 결코 승인하지 않겠다고 전보를 보낸 것이었다.

엘머는 자기 나름대로 얼마간 흥미로운 정보를 가지고 있었다. 이미 전장에 나가있는 4개의 미군 부대 외에 다섯 번째 부대로 제1연합공수부대가 편성되고 있으며, 그 공수부대원들이 베를린에 공중 투입되는 즉시 이번 전쟁은 종결될 거라는 소문이 나돌고 있다는 것이었다. 그리고 그 부대와 동행할 수 있는 기자는 신문기자, 라디오 해설자, 사진기자 등 단 세 명인데, 사진공동취재반에서는 나를 사진기자로 동행시키기로 만장일치로 결정했다는 것이었다. 마지막으로 그는, 낙하산을 타라고 강요하지는 않겠지만 혹시라도 그 계획이 마음에 든다면 디데이까지 파리에 머물러도 좋다고 말했다.

단 하루 낙하산을 타고 뛰어내리는 대가로 60일 동안 핑키와 함께 지낼 기회를 얻는 것은 꽤 남는 장사인 것 같았다. 적어도 59일째까지는. 나는 임무를 수락하고, 경솔했던 양복점 대금은 내 급여에서 처리해달라고 런던 지국에 전보를 쳤다.

런던 지국에서 업무 전보를 보내왔다. 그 속에 내 앞으로 된, 짧은 내용의 메시지가 포함돼 있었다.

"카파에게 핑키가. 호텔 랭커스터, 2월 15일."

당분간 나는 종군기자들에게 배정된 스크라이브 호텔에 계속 머물렀다. 그리고 랭커스터 호텔에다 2월 15일부터 묵을 제일 좋은 방 두 개를 예약해 놓았다.

드디어 그날이 왔다. 나는 내 교두보에 꽃과 샴페인을 준비하고, 하루 종일 그녀가 오기만을 기다렸다. 그날 밤 늦은 시각, 나는 나 홀로 꽃향기를 맡고 샴페인을 터뜨려야 한다는 것을 깨달았다. 그리고 애타게 연인을 기다리는 남자의 이 우스꽝스러운 행동은 그날 이후로도 며칠 더 계속되었다.

20일, 런던에서 보낸 일일업무전달 전보 편에 핑키가 보낸 짧은 메시지가 포함돼 있었다.

"당분간 랭커스터 호텔 포기할 것. 무슨 일이 있어도 런던에는 오지 말 것. 이유는 나중에 설명할 것임."

나는 꽃과 샴페인 대금을 지불하고 스크라이브 호텔로 되돌아갔다.

가스통은 내 기분이 별로라는 것을 알아챘다. 이제 그가 따라주는 브랜디는 몹시 형편없지만, 그래도 그는 아주 훌륭한 바텐더였다. 나는 여자란 족속에 대해 장광설을 늘어놓았고, 어느 특정한 여자에 대해서도 언급했다. 가스통은 간단하게 대꾸했다.

"선생, 어디 가서 겨울스포츠라도 좀 즐기시죠."

나는 높은 산 위에 홀로 서서 담배를 물고 있는 한 남자의 모습을 그려 보았다. 게다가 예쁘장한 프랑스 아가씨 한 명이 며칠 전 프랑스 쪽 알프스 중턱의 메쥬프로 떠났다는 정보도 갖고 있었다.

나는 엘머 로우어에게 작별을 고하면서 그와의 거래는 내게 손해였다고 말했다. 그리고 디데이가 되면 메쥬프로 전보를 쳐달라고 부탁했다. 그로부터 30일간 나는 눈과 싸우고, 프랑스식 스키 기술을 익히면서 보냈다. 밤에는 뜨거운 물을 가득 채운 열탕주머니를 껴안고 잠을 잤다.

봄이 되자 엘머에게서 전보가 왔다. 스키를 타는 사람들도 하나둘 산에서 내려갈 무렵이었다. 구릿빛 피부에 건강을 되찾은 나는 충분히 비겁자가 될 수도 있었지만, 그냥 파리로 다시 돌아왔다. 핑키에게서 온 편지는 없었다. 가스통이 말했다.

"선생, 이제 전쟁터로 돌아가실 때군요."

그는 군 소식에 정통한 바텐더였다.

/

끝의 시작인 공수부대의 대규모 독일 공습은 프랑스 화차에서부터 개시됐다. 1차대전에서도 사용됐던 그 화차는 '병사 40명과 말 8필'이라는 유명한 명각이 새겨진 고물 기차였다. 미 제17공수사단은 그 기다란 화물 열차에 빽빽이 실린 채 48시간 동안 프랑스 전역으로 이리저리 끌려 다녔다. 이는 스파이를 속이기 위한 작전이었다.

이틀에 걸친 속임수로 병사들과 독일군 첩자들 모두 충분히 나가떨어졌을 것이라고 판단한 아군 장군들은 처음 출발했던 곳에서 90킬로미터 떨어진 비행장 인근의 방책이 둘러쳐진 캠프로 우리를 이송했다.

캠프에 도착했을 때는 공격 직전에 행하는 일상적인 총기 손질과 정신무장을 할 수 있는 시간이 얼마 남지 않았다. 낙하 전날, 우리는 브리핑을 통해 영국군 공수사단과 함께 라인 강 너머의 독일군 주 방어선 한가운데로 낙하한다는 설명을 들었다.

전장으로 떠나기 전, 고대 훈족 사람들과 희랍 사람들은 백마와 그 외의 귀중한 동물들을 제단에 바쳤다고 한다. 그날 오후 미공수부대원들은 그들의 머리카락을 제물로 바치려는지, 인디언처럼 머리를 밀어버렸다. 그들은, 머리를 산발한 채 죽기보다는 대머리로 다음날 저녁까지 살아남는 편이 더 낫다고들 했다. 나는 내 머리는 그대로 두기로 했다. 그러나 술은 무척이나 고팠다. 숙취를 없애는 데 낙하산을 타고 뛰어내리는 것 만한 명약이 없는데, 그 효험을 느낄 기회를 포기하는 것은 너무 아깝다는 생각이 들었다. 그러나 아무리 눈을 씻고 찾아봐도 술이라곤 한 방울도 발견할 수 없었다. 제17공수

1945년 3월 23일, 프랑스 아라스.
라인 강 너머 독일군 주 방어선 한가운데로 낙하할 미 제17공수사단 병사들.

사단은 머리카락도 없고 술도 없는, 그런 부대였다.

어둠이 깔리기 직전에 컵 모양을 한 소형비행기 한 대가 우리 캠프 상공을 선회하다가 한가운데에 내려앉았다. 크리스 스코트 소령이 탄 비행기였다. 이번에도 제9수송부대 본부가 우리를 비행기에 태워 작전지역에 실어 나르기로 돼 있었다. 크리스는 여전히 공보 담당이었다.

그는 핑키가 내게 보내는 소포 하나와 전할 말을 가지고 영국에서 막 돌아오는 길이었다. 소포 속에는 스카치위스키 한 병이 들어있었다. 크리스는 내게 길고 긴 이야기를 들려주기 시작했다.

"지난 2월 15일에 제9수송부대에서는 잉글랜드 레스터 인근 부대 본부에서 대규모 댄스파티를 열었어. 나는 핑키에게 가방을 꾸려서 파티에 오라고 했지. 파티가 끝나고 나면 핑키를 몰래 숨겨놓았다가 다음날 아침 일찍 파리행 비행기에 태울 계획이었어. 댄스파티는 대성공이었고, 핑키는 사람들의 인기를 한 몸에 받았지. 파티가 끝나자마자 핑키는 종군기자복으로 갈아입었고, 우리는 걸어서 비행장으로 갔어. 그런데 공교롭게도 핑키와 함께 춤을 추었던 병사들 중 한 명이 비행장에서 종군기자복을 입은 핑키를 알아보고는 현지 경찰에 신고를 해버린 거야. 핑키는 비행기를 타기도 전에 체포됐어. 그녀는 나를 배반하거나, 자네를 연계시키지 않으려고 형사에게 말도 안 되는 거짓말을 했지만 아무도 그녀 말을 믿으려 하지 않았어. 오히려 형사는 그녀를 간첩이라고 단정해 버렸지. 그녀는 이글거리는 전등불 아래 앉아서 몇 날 며칠을 그 황당한 소리만 되풀이했어. 결국 그녀는 풀려났지만 그 후로 계속 미행이 따라붙었어. 그 와중에 〈라이프〉 지국에 전화를 걸어서 자네가 영국에 와서는 안 된다는 내용의 전보를 보내달라고 부탁한 거였고.

편지는 검열을 받고 있었기 때문에 그녀가 자네한테 자세한 사정을 써 보내는 건 힘들었어. 그래서 내가 그간의 일을 알려주려고 두 번이나 비행기를 타고 파리로 날아왔는데, 그때마다 자네는 스키장에 가고 없더군."

이제 크리스의 이야기는 막바지에 이르렀다.

"핑키는 집에 돌아가서 부모님과 함께 지내고 있어. 자네에게 사랑을 담은 이 술을 전해달라고 했어."

그 슬픈 사연을 이야기하는 동안 크리스는 괴로워하는 빛이 역력했다. 나는 그에게 핑키를 많이 사랑하고 있냐고 물었다. 그가 대답했다.

"그래, 많이 사랑해. 진작부터 자네한테 말하고 싶었는데, 핑키가 그러지 말라고 내게 다짐을 받아내는 바람에…."

나는 그에게 말을 계속하라고 했다.

"아냐, 자네는 내일 낙하산을 타고 뛰어내려야 하고, 나는 요새에 사진기자를 싣고 자네 편대 위로 날아가야 해. 그들이 낙하장면을 찍을 거야. 자네가 낙하한 다음날 밤에 만나자. 나는 라인 강 이쪽 편에서 제일 가까운 비행장에서 기다리고 있을게. 그때 다 터놓고 이야기하는 게 좋을 것 같아."

우리는 그러기로 하고, 핑키가 보낸 위스키 반병을 나눠 마셨다. 나머지 반병은 포켓용 술병에 옮겨 담았다.

/

북아프리카에서 라인 강에 이르기까지 너무나 많은 디데이가 있었다. 그때마다 우리는 한밤중에 일어나야 했다. 어둠의 끝은 늘 죽음의 시작을 가져왔었다. 그러나 이번 공략작전은 달랐다. 아침 7시가 되니 조반으로 신선한 계란 2인분이 나왔다. 우리는 그것을 먹은 후 곧바로 출격했다.

나는 연대 사령관이 탄 비행기에 동승했다. 사령관에 이어 내가 두 번째로 뛰어내리도록 돼 있었다. 비행기에 오르기 전에 G-2 소속 소령 한 명이 나를 옆으로 데리고 가 지시를 내렸다.

"만약 낙하 명령이 떨어졌는데도 우물쭈물하고 있으면, 저 양반을 비행기 문 밖으로 힘껏 걷어차 버리게."

그의 지시는 대단히 중요한 임무이면서, 또 내 기분을 돋우는 것이었다.

우리가 탄 비행기는 프랑스 상공을 낮게 날았다. 열려진 비행기 문을 통해서 병사들은, 이제는 평화가 깃든 프랑스의 풍경이 휙휙 지나치는 모습을 바라보고 있었다. 구토하는 병사는 단 한 명도 없었다. 지금까지의 공략작전 때와는 사뭇 다른 풍경이었다.

우리는 영국과 프랑스 기지에서 발진한 비행기 및 글라이더 수천 대와 벨기에 상공에서 합류했다. 그리고 거기서부터 서로 긴밀한 대형을 유지하며 계속 날아갔다. 비행기 그림자가 해방된 나라의 도로나 거리를 질주할 때면, 우리에게 손을 흔드는 사람들의 얼굴이 보였다. 강아지들도 신이 났는지 비행기 그림자를 뒤쫓아 달렸다.

우리 비행기 양옆에는 다른 비행기들이 글라이더를 이끌며 날고 있었다. 그것은 마치 누군가가 영불해협에서 라인 강까지 끈을 매놓고는 100미터 간격으로 장난감 비행기를 매달아 놓은 모습처럼 보였다.

나는 더 이상 보고 싶지도, 생각하고 싶지도 않았다. 그래서 무심한 척하며 탐정소설을 읽기 시작했다. 10시 15분, 책을 67쪽까지 읽었을 때 낙하

준비를 알리는 빨간 등에 불이 들어왔다. 그 순간 잠시나마 나는 어처구니없는 생각을 했다.

'미안한 얘기지만 나는 뛰어내리지 않을 거야. 소설을 마저 읽어야 하거든.'

나는 자리에서 일어나 카메라가 다리에 단단히 매달려 있는지를 확인했다. 포켓용 술병이 웃옷 주머니에 잘 들어가 있는지도 점검했다. 낙하까지는 아직 15분이나 남아 있었다. 지금까지 살아온 날들이 머릿속을 휙휙 스쳐지나갔다. 미친 듯이 돌아가는 영사기에서 쏟아져 흐르는 한 편의 영화처럼 내가 지금까지 먹었던 음식, 했던 일들이 모조리 생생하게 되살아났다. 그러고는 정확히 12분 만에 끝이 났다. 나는 심한 공허감을 느꼈다.

시간은 아직 3분이나 남아있었다. 나는 비행기의 열린 문 앞에, 대령 바로 뒤에 서 있었다. 180미터쯤 아래에 라인 강이 흐르고 있었다. 갑자기 잔돌 같은 총탄이 날아와 우리 비행기를 때리기 시작했다. 녹색등이 켜졌다. 그러나 내가 대령을 걸어찰 기회는 오지 않았다.

병사들은 "움브리아고_{어빙 시저와 지미 듀란테가 작사 작곡한 1930년대의 히트곡 제목. 당시 가장 성공한 연예인 중의 한 사람인 듀란테가 참전용사들을 격려하기 위해 이 곡을 부른 탓에 특히 군인들에게 인기가 있었으며, '나는 요새' 소속의 한 폭격기 이름으로도 사용됨}"라고 외쳤다. 나는 일천, 이천, 삼천을 세었다. 삼천까지 세었을 때, 내 머리 위로 활짝 펼쳐진 낙하산의 아름다운 모습이 눈에 들어왔다. 할아버지가 내게 물려준 시계는 지상에 도달하기까지 40초가 남았다고 말해주었다. 그 짧은 시간을 이용해 나는 카메라를 풀고 사진을 두세 장 찍었다. 그리고 서너 가지 앞으로 해야 할 일을 생각하면서 땅에 내려앉았다. 지상에 도착해서도 나는 계속 셔터를 눌렀다. 모두들

1945년 3월 24일, 독일 베젤 부근
낙하하고 있는 미 제17공수사단 병사들

땅에 엎드린 채 아무도 일어나려 하지 않았다. 최초의 공포를 겨우 넘긴 마당에 연이어 두 번째 공포를 느끼고 싶지 않아서였다.

3미터 정도 떨어진 곳에 키 큰 나무들이 숲을 이루고 있었는데, 내 뒤에 뛰어내렸던 병사들 몇 명이 거기로 내려앉아 대지로부터 5미터쯤 되는 높이에 무방비상태로 매달려 있었다. 독일군 기관총 한 정이 나무에 매달린 병사들을 향해 사격을 가하기 시작했다. 나는 큰 소리로 헝가리 욕설을 내뱉고는 머리를 풀밭에 처박았다. 내 옆에 엎드린 병사 하나가 나를 쳐다보고는 소리쳤다.

"유태식 기도 같은 건 집어치워! 이 상황에서 너한테 전혀 도움이 안 돼."

내가 돌아눕자 우리 바로 위로 비행기 한 대가 날아오고 있는 것이 보였다. 크리스가 탄 은빛 요새였다. 그 비행기는 공중을 한바퀴 돌고는 날개를 가볍게 아래위로 흔들었다. 그러고는 갑자기 폭발하더니 화염에 휩싸여 버렸다.

"크리스 이 자식, 나를 배신하고 영웅이 되려는 건가…."

나는 불길한 생각이 들었다. 그런데 그 비행기가 숲 너머로 사라지기 직전에 일곱 개의 검은 점이 보이는 것이 아닌가? 일곱 개의 검은 점은 곧 일곱 개의 비단 꽃으로 활짝 피어났다. 비행기가 완전히 추락하기 직전에 탈출한 그들의 낙하산이 펴진 것이다.

오전 11시까지 나는 필름 두 통 분량의 사진을 찍었다. 그러고 나서 담배에 불을 붙였다. 11시 반, 처음으로 포켓용 술병을 꺼내 한 모금 들이켰다. 아군은 라인 강 건너편에 확고한 거점을 구축하고 있었다. 우리 연대가 파괴된 글라이더에서 포를 꺼냈고, 우리가 점령하고 확보하기로 한 도로에 진출

한 것이었다.

아군은 많은 병력을 잃었다. 그러나 살레르노나 안치오, 또는 노르망디에 비하면 전투는 수월한 편이었다. 그 지역들에서는 독일군이 아군 병사를 더 많이 죽였을지 모르지만, 이곳에서는 독일군의 전력 손실이 훨씬 더 컸다. 오후에 우리 연대는 다른 연대 병력과 합류했다. 나는 카메라를 닫았다. 사진도 충분히 찍어놓았겠다, 이제는 크리스를 찾아 나서야 했기 때문이다.

저녁이 되자 나는 라인 강 쪽으로 발걸음을 옮겼다. 우리는 먼저 주정을 타고 라인 강을 건너간 부대와는 아직 차단된 상태였다. 나는 커다란 비단 낙하산을 발견하고는 몸에다 둘둘 감고 잠을 청했다. 실크로 만든 따뜻한 낙하산 속에서 나는 전신 수신기를 통해 메시지를 받는 꿈을 꿨다. "돌아가서 스키를 타시오, 돌아가서 스키를 타시오"라는 메시지가 거듭 왔는데, 어떤 때는 발신인이 핑키로, 어떤 때는 〈라이프〉로 찍혀 있었다.

다음날 아침에 나는 라인 강에 도착했다. 두 개의 부교가 강을 가로질러 놓여 있었고, 그 위로 수천에 달하는 병사와 대포 들이 강을 건너고 있었다. 모두들 낙하가 어땠는지 물어오기에 나는 내 경험담을 들려줬다. 엄청 잘난 체를 하며 이야기했지만, 다들 개의치 않는 것 같았다.

비행장을 찾아간 나는 그곳 병사들에게 스코트 소령의 소식을 물었다. 한 공군장교가 내게 말했다.

"소령은 발목 골절상을 입고 이곳으로 실려 왔었는데, 한 삼십 분쯤 전에 런던으로 후송됐습니다."

라인 강에서 오데르 강에 이르는 동안 총격전은 약탈전으로 변모했다. 미군 병사들이 전투를 하며 앞으로 나아갈수록 적의 저항은 차츰 줄어드는 한편, 사진기며 루거 권총독일산 자동권총으로 1,2차대전에서 독일군의 제식권총으로 사용됨이며 독일 처녀들은 점점 더 많이 발견됐다.

독일 중심부로 진격해 들어간 병사들은 독일 사람들이 매우 청결한 국민이란 사실을 알게 되었다. 그리고 독일 사람들의 집과 농장이 지금까지의 전투에서 보아왔던 것들보다 훨씬 더 자신들의 고향 풍경과 가깝다는 사실도 깨달았다.

전쟁은 아직 끝나지 않았지만, 병사들과 독일 주민들 사이에는 친분이 싹트기 시작했다. 오직 부헨발트바이마르 북서쪽 숲 언덕에 위치한 독일 최대의 수용소 중 한 곳와 벨젠안네 프랑크가 사망한 곳과 다하우계속된 실험과 혹독한 생활환경으로 악명 높았던 수용소 지역의 수용소를 해방시킨 병사들만이 독일 여성들과 어울리지 않았다. 소강상태에 접어든 전쟁이 뒤죽박죽이 된 채 내리막을 향해 가고 있는 가운데, 군인들은 최후의 한 발을 쏘는 와중에도 마음속으로는 고향으로 돌아갈 채비를 하고 있었다.

라인 강에서 오데르 강으로 가는 동안 나는 한 장의 사진도 찍지 않았다. 포로수용소에는 사진기자들이 들끓고 있었다. 그러나 그들이 그곳의 참상을 사진에 담을 때마다 전체적인 효과는 반감될 뿐이었다. 지금, 그리고 얼마간은 이곳 수용소에서 그 불쌍한 사람들이 어떤 일을 당했는지를 모두가 알겠지만, 시간이 흐르면 누구도 그들의 미래에 대해 관심을 기울이지 않을 것이다.

골난 표정이다가 돌연 친한 척하는 독일 사람들에게도 내 카메라는 그다지 마음이 끌리지 않는 모양이었다. 나는 최초의 소련군 병사들을 만나고 싶었고, 그것으로 나의 전쟁을 마무리하고 싶었다.

1945년 3월 24일, 독일 베젤 부근.
야트막한 개인호로 대피한 독일 농가의 가족들

1945년 3월 24일, 독일 베젤 부근. 폭격을 맞아 불타는 집에서 피신하는 독일 농가의 가족들.

소련 병사들은 베를린에서 전투를 벌이고 있었다. 나머지 소련 병사들도 오데르 강에 도착했고, 같은 시각 미국 병사들은 라이프치히독일 작센 주의 서쪽에 위치한 큰 도시로, 30년전쟁과 나폴레옹전쟁 당시에 여러 차례 대전투가 벌어진 곳라 불리는 폐허의 문에 도착했다. 라이프치히를 둘러싸고 한 차례 격전이 벌어졌다. 그곳은 히틀러의 나치 돌격대 소속 정예군인들이 방어하고 있었다. 그러나 그들은 다른 독일군 병사들과 마찬가지로 미군을 대량 사살하고, 자신들도 충분한 사상자를 내고 나면 "캐머라드"라고 외쳤다.

나는 제5보병사단의 한 부대와 함께 행동했다. 우리는 시내 중심으로 통하는 교량에 다다랐다. 선발 소대는 이미 다리를 건너가고 있었다. 우리는 혹시 독일군이 다리를 날려버리지나 않을까 노심초사했다. 길모퉁이에 다리를 내려다 볼 수 있는 현대적인 4층짜리 아파트 건물이 있었다. 나는 그 건물 4층으로 올라갔다. 웅크리고 있다가 돌진하는 병사들의 마지막 장면을 내 카메라에 마지막 전쟁사진으로 담을 수 있을지 알아보기 위해서였다.

상류층이 살았을 법한 그 아파트의 4층 문은 열려 있었다. 중화기부대 소속 미군 병사 다섯 명이 다리를 건너는 병사들을 엄호하기 위해 기관총을 설치하고 있었다. 창문에서는 사격이 힘들다고 판단했는지 하사관과 그의 부하는 무방비 상태의 탁 트인 발코니로 총을 다시 옮기기 시작했다. 나는 문 뒤에 서서 그들을 지켜보고 있었다. 기관총 설치가 끝나자 하사관은 방으로 돌아왔다. 곧 나이 어린 상병이 방아쇠를 당겨 사격을 시작했.

마지막 총을 쏘는 마지막 병사는 최초의 사격을 가하는 최초의 병사의 모습과 다를 것이 없었다. 그의 모습을 뉴욕 본사로 송고해봤자 그곳 사람들은 흔해빠진 병사 하나가 총을 쏘는 장면으로밖에 안 여길 것이다.

그러나 최후의 병사는 깨끗하고, 앳되고, 정직한 얼굴을 하고 있었으며, 그의 총구는 파시스트들을 쓰러뜨리고 있었다. 나는 발코니로 나가서 그에게서 2미터쯤 떨어진 곳에 자리를 잡고 그의 얼굴에 카메라 초점을 맞추었다. 그리고 셔터를 눌렀다. 내가 몇 주 만에 처음 찍은 그 사진은, 그러나 그 병사에게는 살아생전에 마지막으로 찍힌 사진이 되고 말았다.

고요 속에서, 빳빳하게 긴장돼 있던 그의 몸이 느슨하게 풀어지는가 싶더니 곧 쿵 소리를 내며 아파트 실내 쪽으로 나둥그러졌다. 두 눈 사이에 작은 구멍이 생긴 것 외에 그의 얼굴은 달라진 게 없었다. 쓰러진 그의 머리 한쪽에서 흘러나온 피로 만들어진 웅덩이가 조금씩 커져갔고, 그의 맥박은 영원히 고동을 멈추었다.

하사관이 그의 손목을 짚어 보고는 시체를 넘어 기관총을 힘껏 움켜잡았다. 그러나 그는 더 이상 사격을 할 수가 없었다. 아군 병사들이 모두 무사히 다리를 건넜기 때문이다.

나는 마지막 전사자의 모습을 카메라에 담았다. 전쟁의 마지막 날에도 몇몇 용감한 병사들은 죽음을 맞는다. 그리고 산 자들은 너무도 빨리 그 모든 것을 잊을 것이다.

/

아군은 라이프치히에서 진군을 멈췄다. 이제 '하시오'는 끝이 나고 '하지 마시오'가 그 자리를 대신했다. 아군은 그곳에 주둔하며 다음 명령을 기다려야 했다.

1945년 3월, 독일 라이프치히.
다리를 건너는 병사들을 엄호하던 중화기부대 소속
미군 병사의 최후.

한편 종군기자들은 24킬로미터 떨어진 베를린에 가서도 안 되고, 소련군을 만나거나 만나려고 시도해서도 안 된다는 경고가 내려졌다. 그때부터는 모든 일이 관료적 절차에 따라 처리됐다. 군은 특별히 장성들과 기자들에게는 소련군과의 접견식을 마련해 주겠다고 약속했다.

우리는 마지막 기사와 사진을 전송하고, 미 제1군 공보본부 주변에 대기하고 있었다. 북아프리카에서 이번 전투에 이르기까지 전쟁의 모든 과정을 지켜본 기자들과 이번 전투에 새로 참가한 기자들까지 종군기자들은 대부분 그곳에 모여 있었다. 몇몇 신참들은 대단한 열성을 보이며 아주 훌륭한 기사를 써댔다. 하지만 고참들은 입을 다문 채 전쟁의 숙취를 해소하려는 듯 마지막 술을 마셨다.

라이프치히에서 맞은 첫날밤, 우리는 일찍 잠을 청했다. 한창 자고 있는데, 고참 기자들 가운데 체력이 좋기로 정평이 난 할 보일이 우리를 깨우고는 큰 소리로 말했다.

"어니 파일이 죽었대."

그날 어니 파일은 우리로부터 아득히 떨어진 이에시마에서 사살됐다. 잠에서 깬 우리는 모두 할 말을 잊은 채 우두커니 앉아서 술만 마셨다.

/

소련인과의 역사적 해후에 참석하기 위해 많은 기자들이 런던과 파리에서 몰려왔다. 그중에 〈CBS〉 방송기자 한 명이 내게 크리스 스코트의 친구가 아니냐고 물어왔다. 나는 그렇다고 대답하고는, 그가 지금 어떻게 지내는지를 물었다. 크리스는 런던에 있는데, 아직도 걸을 때 조금 절뚝거리며, 영국 여성과 결혼을 준비하고 있다고 그가 대답했다.

나는 소련사람을 만나는 일에 흥미를 잃어버렸다. 〈CBS〉기자가 런던에 있는 자기 아파트 열쇠를 내게 주었다. 나는 독일인 소유의 포드차를 몰고 곧장 파리로 달려갔다. 파리에 도착하자마자 이동명령서와 영국 비자를 청구하고, 핑키에게 전보를 쳤다.

"핑키에게 카파가. 내가 곧 갈 것임."

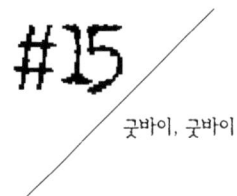
굿바이, 굿바이

나는 핑키의 집 앞에 이르러 기사에게 요금을 지불했다. 차문을 열고 나오니 그녀의 모습이 보였다. 그녀가 집 밖에 나와서 나를 기다리고 있던 것이다.

"이제야 오시는군요. 이번에도 당신은 죄다 망쳐놓고 갈 모양인가 보죠?"

선글라스를 끼고 있는 그녀의 모습이 썩 멋있어 보였다. 그러나 그녀의 목소리는 예전과 달랐다. 내가 물끄러미 쳐다보자 그녀가 다시 말했다.

"도체스터 호텔에 방을 잡아 놨어요."

나는 택시를 불렀고, 우리는 택시에 올라탔다. 나는 기사에게 포틀랜드 광장에 있는 〈CBS〉 기자의 아파트 주소를 댔다.

아파트에 올라가자 그녀는 큼직한 의자에 앉았고, 나는 차가운 난로 옆에 섰다. 우리는 아무 말도 하지 않았다. 잠시 침묵이 흘렀다. 그녀가 선글라스를 벗고는 다시 예전 같은 목소리로 말했다.

"지금 보니까 당신은 하나도 안 변했어요."

"나는 예전 그대로야. 변한 건 없어."

"나는 예전 그대로가 아니에요. 지난 2년 동안 당신은 당신 일로 즐거운 시간을 보냈겠지만 나는 단지 기다리기만 했어요. 난 지금 다른 누군가를 사랑하고 있어요. 그 사람도 나를 사랑해요."

나는 그럴 리가 없다고 말했다. 그것은 모두 그녀의 일시적 감정 때문에, 또 그 멍청한 전쟁과 여권 때문에, 그리고 우리를 끝없이 쫓아다녔던 그 그렘린*비행기를 고장 낸다는 작은 악마를 가리키는 영국 공군의 속어로 여기서는 크리스를 일컬음* 때문에 생긴 일이라고 말했다.

"우리는 아직도 2년 전 처음 만났던 그때를 잊지 않았어. 앞으로 다가올 수많은 날들도 그럴 거야."

"전에는 왜 이런 식으로 말하지 않았나요?"

나는 대답할 말이 없었다. 그래서 가까스로 입을 열었다.

"그는 당신한테 너무 어려."

"이제야 나는 행복한 꿈을 가졌어요. 그런데 왜 당신은 그걸 깨뜨리려고 하죠?"

나는 다시 입을 다물었다. 핑키가 한마디 덧붙였다.

"게다가 크리스는 그렇고 그런 남자가 아니에요."

우리는 차가운 난로에 불을 지폈다. 나는 〈CBS〉 기자가 술을 숨겨놓았을 만한 곳을 이리저리 뒤져 술 두 병을 찾아서 그녀에게로 돌아왔다. 우리는 난롯가에 앉아 술을 마셨다. 그리고 조금씩 보다 편안하게 얘기를 하기 시작했다.

나는 따지기도 하고, 빌기도 하고, 욕도 하고, 애원도 했다. 그녀를 때릴 뻔한 적도 있었다. 핑키는 울기도 하고, 따지기도 하고, 참기도 하면서 내 말을 끝까지 들어주었다.

창을 넘어오는 빛은 햇빛에서 가로등 불빛으로, 그리고 다시 햇빛으로 바뀌었다. 두 번째 아침이 찾아왔을 때 우리는 꺼져가는 난롯불과 빈 술병에 둘러싸인 채 마룻바닥에 앉아있었다. 핑키는 조금 수척해 보였다. 그러나 참으로 아름다웠다. 드디어 나는 핑키의 마음을 되찾았다고 생각했다. 나는 핑키에게 수염을 깎고 나서 아침을 먹으러 나가자고 말했다.

내가 면도를 하는 사이에 핑키가 어디론가 전화를 걸어 이야기하는 소리가 들렸다. 면도를 마치고 나왔을 때 핑키는 벌써 외투를 입고, 화장을 하고, 선글라스를 끼고 있었다. 그녀가 말했다.

"당신에게 키스하고 싶어요."

그리고 나서 그녀는 밖으로 나갔다. 현관문 앞에는 우유 두 병과 신문 두 부가 놓여 있었다. 제일 위에 놓인 신문의 활자가 유난히 굵었다.

'유럽 전쟁 종식'

이제 정말 더 이상, 아침이 와도 일어날 이유가 없다.

역자 후기

자기희생과 위험을 무릅쓴 취재정신을 일컬어 카파이즘 ^{Capaism}이라고 한다. 전장에서 삶과 죽음의 경계를 넘나들며 전쟁의 참상을 사진으로 고발한 로버트 카파의 기자정신을 기린 말이다. 전설적인 종군기자 로버트 카파. 마흔한 살이라는 짧고도 강렬한 인생을 살다간 지 반세기가 흐른 오늘날도 전쟁과 기자와의 함수관계를 논할 때 그의 이름과 기자정신은 여전히 하나의 중요한 기준으로 작용하고 있다.

카파는 1931년 헝가리 부다페스트에서 유태인의 아들로 태어났다. 유태인이라는 태생적 신분은 이후 그가 고국인 헝가리를 떠나 전쟁이 있는 곳이라면 어디든 달려가도록 만든 원죄로 작용한다.

열여덟 살이 되던 해에 헝가리의 유태인 추방 정책과 공산당에 동조했다는 혐의를 받고 베를린으로 쫓겨 간 카파는 그곳에서 한 사진 통신사의 암실 보조로 일하며 포토저널리즘을 익힌다. 그러나 카파는 또다시 히틀러의 유태인 박해에 쫓겨 파리로 이주한다. 이처럼 타국을 떠돌며 모국어를 쓸 수 없게 된 현실적 처지 때문에 그는 세계 공통의 언어인 사진의 세계에 몰두하게 된다.

파리에서 카파는 그에게 빼놓을 수 없는 중요 인물 중 하나인 게르다를 만나게 된다. 그녀는 카파가 처음으로 사랑한 여인이자 그의 인생과 사진작업에 있어 그림자와 같은 존재다.

1936년 스페인내전을 취재하기 위해 게르다와 함께 스페인으로 간 카파는 게르다의 비극적인 죽음으로 인해 사진작가에서 보도사진가로 전환하게 된다. 당시만 해도 카메라를 표현의 도구로 사용해 정치적 현실에 초점을 맞추던 카파에게 게르다의 죽음은 큰 충격이었다. 이 사건은 그가 전쟁의 실상과 비인간성을 뼈저리게 실감하는 계기가 된다.

그해 〈라이프〉의 표지를 장식한 한 장의 사진 '어느 인민전선파 병사의 죽음'으로 카파는 보도사진가로서의 이름을 전 세계에 알린다. 참호를 뛰쳐나온 스페인 인민전선파 측의 한 병사가 날아오는 기관총탄에 맞아 양팔을 벌린 채 마스크처럼 경직된 표정을 지으며 쓰러지는 순간을 포착한 이 처절한 장면의 사진은 스페인내전을 포함해 지난 세기에서 가장 뛰어난 전쟁기록사진으로 평가받는다.

전쟁의 결정적인 순간을 드라마틱하게 포착한 이 사진으로 카파는 포토저널리즘의 새 지평을 열었다는 찬사를 받게 된다. 그러나 한편으로는 지나치게 리얼하고 강렬한 장면을 포착한 탓에 연출된 사진이 아니냐는 오해도 불러일으킨다.

1942년부터 1945년까지 2차대전의 유럽전선을 취재하던 카파는 노르망디 상륙작전 중에서도 미군의 오마하 상륙을 촬영한 사진으로 전쟁보도사진가로서 또 한번 전 세계에 이름을 떨친다. 이 오마하 상륙 사진은 '어느 인민전선파 병사의 죽음'과 함께 최고의 전쟁사진으로 손꼽힌다.

1936년 스페인, 어느 인민전선파 병사의 죽음

1945년 미국 시민권을 얻게 된 카파는 1947년 앙리 카르티에 브레송, 데이비드 세이무어 등과 함께 '매그넘'을 결성한다. 매그넘은 잡지사의 청탁을 받아 잡지사의 요구에 맞는 사진을 찍어내기 보다는, 사진가가 찍고 싶은 사진을 찍어서 공동으로 모아두었다가 잡지사가 원하는 사진을 사가도록 하는 일종의 사진원고 판매 에이전시다.

카파는 이 에이전시를 통해 보도사진의 유통체계를 뒤바꾸었을 뿐 아니라 편집자의 기획에 수동적으로 따라야 했던 사진가들이 자신의 취향에 따라 자유롭게 창의력을 발휘할 수 있는 바탕을 마련한다. 이로써 보도사진은 보다 개성적이고 전문적인 분야로 발전하게 된다.

1954년 한 일본 언론사의 초청을 받아 일본을 방문했던 카파는 상황이 급변한 인도차이나전을 취재해달라는 〈라이프〉의 요청을 받고 북베트남 전장으로 향한다. 그리고 그곳에서 프랑스 전투부대원을 촬영하던 중 지뢰를 밟고 사망한다. 1954년 5월 24일, 그의 나이 마흔한 살이었다. 인도차이나전에서 사망한 최초의 미군종군기자로 기록된 카파의 죽음에는 전쟁이 있는 곳에는 항상 그가 있었다는 신화가 뒤따르게 된다.

전쟁보도사진으로 유명해지긴 했지만, 카파가 찍고자 했던 것이 전쟁사진뿐이었던 것은 아니다. 다만 그가 처한 시대적 상황이 전쟁의 연속이었기 때문에 전쟁이 주요 소재가 된 것이다.

카파의 본명은 '엔드레 에르노 프리드만'이다. 그는 파리 시절이던 1936년 로버트 카파로 이름을 바꾼 이후 18년에 걸쳐 스페인내전, 중일전쟁, 2차대전, 이스라엘전쟁, 인도차이나전에 이르기까지 무려 다섯 차례의 전쟁을 취재한다. 그러나 인간 카파가 휴머니스트로, 또 행동주의자로 활동한 주무대는 바로 스페인내전이다.

　　1936년 스페인령 카나리아군도에 좌천돼 있던 프랑코 장군이 군사반란을 일으켜 정권을 탈취하자 이에 반대하는 민중들이 인민전선파를 결성해 대항하면서 스페인내전은 발발한다. 그러나 영국과 프랑스를 포함한 유럽의 다수 국가들은 스페인내전에 미온적인 태도를 보인다. 1차대전의 상처를 잊지 못하던 유럽 국가들이 공산주의보다는 파시스트가 더 나을 거라는 심정적 동조를 보였던 것이다.

　　그러나 파시스트에 맞서 일어선 스페인 민중의 힘에 감탄한 당시의 유럽지식인의 절대 다수는 내전에 휩싸인 스페인의 인민전선파를 지지하게 된다. 실제로 일부 지식인들은 의용군을 결성해 자발적으로 참여하기도 한다. 인민전선파에 가담해 스페인내전을 밀착 취재하던 카파는 '어느 인민전선파 병사의 죽음'으로 국제적 명성을 얻었으며, 이 사진은 이상에 대한 정열과 행동에 대한 도취를 표방한 예술인들의 행동주의 시대를 여는 데 큰 영향을 미친다.

　　당시 앙드레 말로, 어니스트 헤밍웨이, 조지 오웰, 스티븐 스펜서 등의 저명한 문필가들이 스페인으로 몰려든 가운데 이들이 고발한 '선과 악의 직선적 대결'이 카파의 사진을 통해 전 세계로 퍼져나간 것이다.

　　카파를 빼놓고는 전쟁사진을 논할 수 없다는 게 중론이다. 그것은 그가 유일한 전쟁사진가이기 때문은 아니다. 그 이전에도 로저 팬튼, 알렉산더 가드너와 같은 뛰어난 사진가들이 많이 있었다. 41년이라는 짧은 생애에 다섯 차례의 전쟁터를 누비다 결국 전쟁터에서 죽었다는 사실 때문만은 더더욱 아니다. 언제 죽을지 모르는 전쟁터에서 억압받는 사람들의 편에 서서 전쟁의 진실을 전하고자 했던 그의 기자정신 때문이다. 존 스타인벡이 카파의 사진은 그의 정신에서 만들어진다고 말한 이유도 그것 때문이다.

카파는 적과 아군이라는 이분법적 구분 대신에 인간의 내면세계를 전쟁이란 상황을 통해 표현한 보도사진가로 평가받는다. 관찰자적 입장에서 나온, 기록을 위한 사진이 아니라 전쟁에 직접 참가한 당사자로서 전쟁이라는 가장 절박한 상황에 처한 사람들의 본연의 모습을 담은 것이다.

카파와 2차대전에 함께 종군했던 미국의 작가 존 스타인벡은 카파가 미친 영향은 그가 함께 작업한 사람들의 내면에 영원히 남을 것이라고 회고한다. 카파가 사람들의 마음속에 심어놓은 사진 철학은 "만약 당신의 사진이 만족스럽지 않다면 그것은 너무 멀리서 찍었기 때문이다"라는 그의 말에 고스란히 담겨있다. 그의 사진철학을 입증하는 사진이 바로 그가 병사보다 더 적진 가까이에서 찍은 '어느 인민전선파 병사의 죽음'이다.

카파가 떠난 지 반세기가 지난 지금도 여전히 갖가지 명목의 전쟁이 벌어지고 있다. 이 땅에서 전쟁이 사라지지 않는 한 '어느 인민전선파 병사의 죽음'과 함께 '어느 사진작가의 죽음'도 영원히 기억될 것이다. 그렇지만 카파는 병사의 죽음도, 자신의 죽음도 사람들에게서 영원히 잊혀질 그날이 오기만을 바라고 있을 것이다.

2006년 4월 우태정.

옮긴이 _ 우태정

번역가. 한양대학교 신문방송학과를 졸업하고 〈동아일보〉 조사부를 거쳐 경남기업 홍보팀장 등을 지냈다. 공동번역한 책으로 《이미 시작된 20년 후》(필맥)가 있다.

그때 카파의 손은 떨리고 있었다

지은이 _ 로버트 카파
옮긴이 _ 우태정

1판 1쇄 펴낸날 _ 2006년 5월 10일
1판 7쇄 펴낸날 _ 2020년 9월 15일

펴낸이 _ 문나영
펴낸곳 _ 필맥
출판신고_ 제2003-000078호
주소 _ 서울시 서대문구 경기대로 58, 경기빌딩 606호
홈페이지 _ www.philmac.co.kr
전화 _ 02-392-4491
팩스 _ 02-392-4492

ISBN 89-91071-30-9 (03840)

* 잘못된 책은 바꿔드립니다.
* 값은 뒤표지에 있습니다.

이 도서의 국립중앙도서관 출판예정도서목록(CIP)은 서지정보유통지원시스템 홈페이지(http://seoji.nl.go.kr)와 국가자료종합목록시스템(http://www.nl.go.kr/kolisnet)에서 이용하실 수 있습니다. (CIP제어번호: CIP2006000971)